新时代经济关键词
（2019）

主　编／郝全洪

副主编／梁盛平　袁　辉　张福军　何召鹏

人民出版社

总 策 划:黄书元
责任编辑:杨瑞勇
封面设计:姚 菲
责任校对:吕 飞

图书在版编目(CIP)数据

新时代经济关键词(2019)/郝全洪 主编. —北京:人民出版社,2019.1
ISBN 978－7－01－020344－7

Ⅰ.①新⋯ Ⅱ.①郝⋯ Ⅲ.①中国经济-经济发展-2019 Ⅳ.①F124

中国版本图书馆 CIP 数据核字(2019)第 010809 号

新时代经济关键词(2019)

XINSHIDAI JINGJI GUANJIANCI(2019)

郝全洪 主编

梁盛平 袁 辉 张福军 何召鹏 副主编

人民出版社 出版发行

(100706 北京市东城区隆福寺街99号)

中煤(北京)印务有限公司印刷 新华书店经销

2019 年 1 月第 1 版 2019 年 1 月北京第 1 次印刷
开本:710 毫米×1000 毫米 1/16 印张:21.5
字数:258 千字

ISBN 978－7－01－020344－7 定价:58.00 元

邮购地址 100706 北京市东城区隆福寺街99号
人民东方图书销售中心 电话 (010)65250042 65289539

序　言

党的十九大报告指出,经过长期努力,中国特色社会主义进入了新时代,这是我国发展新的历史方位。中国特色社会主义进入新时代,我国经济发展也进入了新时代,基本特征就是我国经济已由高速增长阶段转向高质量发展阶段。新时代,我国发展仍处于并将长期处于重要战略机遇期,必须坚定不移把发展作为党执政兴国的第一要务,坚持解放和发展社会生产力,坚持以经济建设为中心,坚持新发展理念,努力实现更高质量、更有效率、更加公平、更可持续的发展。

2019年,是新中国成立70周年,是全面建成小康社会关键之年,做好经济工作至关重要。2018年12月召开的中央经济工作会议强调,做好2019年的经济工作,要以习近平新时代中国特色社会主义思想为指导,全面贯彻党的十九大和十九届二中、三中全会精神,统筹推进"五位一体"总体布局,协调推进"四个全面"战略布局,坚持稳中求进工作总基调,坚持新发展理念,坚持推动高质量发展,坚持以供给侧结构性改革为主线,坚持深化市场化改革、扩大高水平开放,加快建设现代化经济体系,继续打好三大攻坚战,着力激发微观主体活力,创新和完善宏观调控,统筹推进稳增长、促改革、调结构、惠民生、防风险工作,保持经济运行在合理区间,进一步稳就业、稳金融、稳外贸、稳外资、稳投资、稳预期,提振市场信心,增强人民群众获得感、幸福感、安全感,保持经济持续健康发展和社会大局稳定,为全面建成小康社会收官打下决定性基础,以优异成绩庆祝中华人民共和国成立70周年。

做好2019年的经济工作,必须正视一系列富有挑战的紧迫难题,必须把握经济发展规律,必须紧紧抓住经济工作的要点和关键。

随着我国经济发展的国内外环境和条件不断发展变化,经济工作中一系列富有挑战的问题已经摆在我们面前:如何紧紧抓住和充分用好具有新时代新内涵的重要战略机遇期? 如何进一步深化已经取得的关于做好新形势下经济工作的一系列规律性认识? 如何面对我国经济运行稳中有变、变中有忧,外部环境复杂严峻,经济面临下行压力的现实状况,抓住主要矛盾,有针对性地解决问题? 如何用好我国经济长期向好的不变态势,全面正确把握宏观政策、结构性政策、社会政策取向,确保经济运行在合理区间? 如何紧紧围绕2019年的七项重点工作任务,抓出实实在在的成效?

经济发展是有客观规律的。一切从实际出发,就是要尊重和把握客观规律。只有尊重经济发展规律,把握和驾驭经济发展规律,充分发挥主观能动性积极用好规律,才能既改造主观世界又改造客观世界,破解经济发展中的上述各种问题。贯彻落实好中央经济工作会议精神,首先要准确理解会议精神,正确把握新形势下经济工作的规律,在科学规律和正确理论指导下做好经济工作,实现理论与实践的具体的、历史的统一,避免盲目的实践和不必要的失误。

规律和范畴(即基本概念)是相互联系、相互包含、相互贯通的。规律包含了范畴,范畴体现了规律。经济关键词,是经济发展和经济工作规律包含的基本概念,是掌握经济规律必须重点理解的经济范畴。把握新时代的经济工作,必须掌握充分体现了新时代经济规律的经济关键词。紧紧围绕中央决策部署和有关要求,认真学习和深入理解经济工作领域的关键词,无疑是深化对经济工作规律性认识,聚焦经济工作重点,突破经济工作难点,做好2019年的经济工作,推动经济高质量发展的有效办法和一条捷径。

熟知非真知!虽然不少经济关键词我们耳熟能详,但要真正做到读懂弄通、内化于心,绝非易事。为此,我们邀请一些经济学领域的专家学者,编写了《新时代经济关键词(2019)》一书,作为进一步学习的参考和向导。

本书具有以下四个特点:一是系统性。几乎囊括了党的十九大以来中央关于经济工作重要决策部署的所有方面关键词。二是科学性。力求客观准确地阐明每个词条的来源和要义,及其对新时代经济工作的理论和实践意义。三是通俗性。全书体例规范、阐述深入浅出、行文简明扼要、文字通俗易懂。四是实践性。提出了贯彻落实方面的一些要点或建议,便于操作,落到实处。

书中的每个词条包含三个部分:一是"重要背景"。简要梳理词条的提出背景和重要发展脉络。二是"简明要义"。简要解读词义和思想内涵。三是"实践指导"。提出贯彻落实方面的一些要点或建议。

衷心感谢策划者、编写者、出版者所做的紧张而有成效的工作。由于时间紧、任务重,学习和研究不够深入,难免有不完善之处,希望读者在使用中补充提高,为进一步深入地学习好、宣传好、贯彻好、落实好习近平新时代中国特色社会主义思想、党的十九大精神和中央经济工作会议精神继续努力。

编　者

2019 年 1 月

目　　录

1. 习近平新时代中国特色社会主义思想

 重要背景

中国特色社会主义进入了新时代,是我国发展新的历史方位,也是习近平新时代中国特色社会主义思想产生的时代背景。这个新时代,既与改革开放40年来的发展一脉相承,又有很大的不同,面临许多新情况新变化:

一是党的十八大以来,在新中国成立特别是改革开放以来我国发展取得重大成就基础上,党和国家事业发生历史性变革,我国发展站在新的历史起点上,新起点需要新气象新作为。

二是世界进入大变革大调整时期,面临千年未有之大变局,如何在乱局中保持定力、在变局中抓住机遇,对我们统筹国际国内两个大局提出了更高要求。

三是我们党长期执政面临的社会环境和现实条件发生深刻变化,发展理念和方式有重大转变,发展水平和要求更高。

四是我国社会的主要矛盾已经转化为人民日益增长的美好生活需要和不平衡不充分的发展之间的矛盾,经济建设仍然是中心任务,但需要更加注重全面协调可持续发展，实现高质量发展，需要着力解决好发展不平衡不充分问题。

五是从党的十九大到二十大，是"两个一百年"奋斗目标的历史交汇期，我们要在全面建成小康社会、实现第一个百年目标之后，开启全面建设社会主义现代化国家新征程、向第二个百年目标进军。

这些新情况新变化，给我们党提出了一个重大课题，就是必须从理论和实践结合上系统回答在新的时代条件下坚持和发展什么样的中国特色社会主义、怎样坚持和发展中国特色社会主义。正是围绕回答这一重大理论和实践问题，形成了习近平新时代中国特色社会主义思想。可以说，党的十八大以来国内外形势深刻变化和我国各项事业快速发展催生了习近平新时代中国特色社会主义思想，习近平新时代中国特色社会主义思想回答了实践和时代提出的新课题。实践和理论的逻辑就是：新时代提出新课题，新课题催生新理论，新理论引领新实践。党的十八大以来，党和国家各项事业之所以能开新局、谱新篇，根本的就在于有习近平新时代中国特色社会主义思想的科学指引。

□ 简明要义

习近平新时代中国特色社会主义思想是党和人民实践经验和集体智慧的结晶，习近平总书记以马克思主义政治家、理论家的深邃政治智慧和独特理论创造，为这一思想的创立发挥了决定性作用，作出了决定性贡献。党的十九大把习近平新时代中国特色社会主义思想确立为我们党必须长期坚持的指导思想，深刻阐明了这一指导思想的精神实质和丰富内涵，并在党章中把习近平新时代中国特色社会主义思想同马克思列宁主义、毛泽东思想、邓小平理论、"三个代表"重要思想、科学发展观一道确立为党的行动指南,实现了党的指导思想的又一次与时俱进。

1. 习近平新时代中国特色社会主义思想的精神实质和丰富内涵,集中体现在党的十九大报告精辟概括的"八个明确"和新时代中国特色社会主义"十四个坚持"基本方略之中。

什么是"八个明确"?

明确坚持和发展中国特色社会主义,总任务是实现社会主义现代化和中华民族伟大复兴,在全面建成小康社会的基础上,分两步走在本世纪中叶建成富强民主文明和谐美丽的社会主义现代化强国。明确新时代我国社会主要矛盾是人民日益增长的美好生活需要和不平衡不充分的发展之间的矛盾,必须坚持以人民为中心的发展思想,不断促进人的全面发展、全体人民共同富裕。明确中国特色社会主义事业总体布局是"五位一体"、战略布局是"四个全面",强调坚定道路自信、理论自信、制度自信、文化自信。明确全面深化改革总目标是完善和发展中国特色社会主义制度、推进国家治理体系和治理能力现代化。明确全面推进依法治国总目标是建设中国特色社会主义法治体系、建设社会主义法治国家。明确党在新时代的强军目标是建设一支听党指挥、能打胜仗、作风优良的人民军队,把人民军队建设成为世界一流军队。明确中国特色大国外交要推动构建新型国际关系,推动构建人类命运共同体。明确中国特色社会主义最本质的特征是中国共产党领导,中国特色社会主义制度的最大优势是中国共产党领导,党是最高政治领导力量,提出新时代党的建设总要求,突出政治建设在党的建设中的重要地位。

什么是"十四个坚持"?

坚持党对一切工作的领导;坚持以人民为中心;坚持全面深化改革;坚持新发展理念;坚持人民当家作主;坚持全面依法治国;坚持社会主义核心价值体系;坚持在发展中保障和改善民生;坚持人与自然和谐共生;坚持总体国家安全观;坚持党对人民军队的绝对领导;坚持"一国两制"和推进祖国统一;坚持推动构建人类命运共同体;坚持全面从严治党。

习近平新时代中国特色社会主义思想与中国特色社会主义的基本方略的关系是什么呢?

习近平新时代中国特色社会主义思想是指导思想层面的表述,新时代坚持和发展中国特色社会主义的基本方略是行动纲领层面的展开,两者在核心要义和精神实质上是一致的,不能将两者割裂开来,而应该统一学习、统一把握、统一贯彻,以更好引领党和人民事业发展。

2. 习近平新时代中国特色社会主义思想是对马克思列宁主义、毛泽东思想、邓小平理论、"三个代表"重要思想、科学发展观的继承和发展。

任何一种科学的思想理论都不是凭空产生的,都是其理论逻辑发展延续的结果。党的十八大以来,以习近平同志为核心的党中央紧密结合新的时代条件和实践要求,全面坚持了我们党改革开放以来形成的基本理论、基本观点、基本原则、基本要求,紧紧抓住制约我国发展的根本矛盾,围绕"坚持和发展什么样的中国特色社会主义、怎样坚持和发展中国特色社会主义"的基本问题,形成了新时代中国特色社会主义思想,进一步丰富和发展了中国特色社会主义理论体系。作为马克思主义中国化和中国特色社会主义理论体系探索的最新理论成果,习近平新时代中国特色社会主义思想凝结了几代中国共产党人带领人民不懈探索实践的智慧和心血，是中国特色社会主义理论体系的重要组成部分，是马克思主义中国化的又一次重大飞跃。

3. 习近平新时代中国特色社会主义思想是在科学把握当今世界和当代中国发展大势、顺应实践要求和人民愿望、吸收借鉴人类优秀文明成果的基础上形成的。

习近平新时代中国特色社会主义思想是在党的十八大以来以习近平同志为核心的党中央立足于对 21 世纪时代特征的深刻洞察和当代中国发展新的历史方位的科学判断，高度关注人类命运前途和时代发展趋势，敏锐把握中国与世界关系历史性变化的基础上形成的，回应了当今深刻变革的世界形势给我们党治国理政提出的新挑战。

它是在总结我国改革开放特别是党的十八大以来中国特色社会主义新的伟大实践经验的基础上形成的，顺应了当代中国深刻变化的国内形势给我们党和国家工作提出的新要求，回答了执政环境的巨大变化给我们党提出的新问题，是党和人民实践经验和集体智慧的璀璨结晶。

它深深扎根于中华文明的沃土之中，具有鲜明的中国风格、中国气派，同时又吸收借鉴人类优秀文明成果尤其是 500 年世界社会主义运动历史及其实践经验教训，具有鲜明的开放性、世界性、创新性，从而以全新的视野深化了对共产党执政规律、社会主义建设规律、人类社会发展规律的认识。

党的十八大以来的实践表明，习近平新时代中国特色社会主义思想从坚持和发展中国特色社会主义全局出发，立足于人民群众对美好生活的热切期待，着眼于中华民族伟大复兴中国梦的胜利实现，通过实施"四个全面"战略布局、"五位一体"总体布局与五大发展理念等一系列新思路、新战略、新举措，使党和国家事业发生历史性变革，使我国发展站到了新的历史起点上，中国特色社会主义进入了新时代。不仅如此，它还拓展了发展中国家走向现代化的途径，给世界上那些既希望加快发展又希望保持自身独立性的国家和民族提供了全新选择，为解决人类问题贡献了中国智慧和中国方案，具有重要的世界历史意义。

4.习近平新时代中国特色社会主义思想已经形成了一个结构合理、逻辑严谨、层次分明的科学理论体系，是实现中华民族伟大复兴的行动指南。

习近平新时代中国特色社会主义思想从世界观和方法论的高度，深刻回答了中国特色社会主义进入新时代后，中国共产党举什么旗、走什么路、以什么样的精神状态、担负什么样的历史使命、实现什么样的奋斗目标等一系列带有根本性的问题。

习近平总书记立足新的历史起点，着眼于实现"两个一百年"奋斗目标和中华民族伟大复兴，对坚持和发展中国特色社会主义这篇大文章作了新的谋篇布局，明确了新时代坚持和发展中国特色社会主义的总目标、总任务、总体布局、战略布局和发展方向、发展方式、发展动力、战略步骤、外部条件、政治保证等，贯通哲学、政治经济学、科学社会主义各领域，涵盖改革发展稳定、内政外交国防、治党治国治军各方面，形成了内涵丰富、逻辑严密、结构合理、博大精深、完整统一的科学理论体系。

面向未来，我们党要带领人民决胜全面建成小康社会，开启全面建设社会主义现代化国家新征程，夺取新时代中国特色社会主义伟大胜利，必须坚持习近平新时代中国特色社会主义思想的科学指引。习近平新时代中国特色社会主义思想对新时代坚持和发展中国特色社会主义的总目标、总任务、总体布局、战略布局和发展方向、发展方式、发展动力、战略步骤、外部条件、政治保证等基本问题作出了系统的回答，并且根据新的实践对经济、政治、法治、科技、文化、教育、民生、民族、宗教、社会、生态文明、国家安全、国防和军队、"一国两制"和祖国统一、统一战线、外交、党的建设等各方面作出了科学的理论分析和政策指导，提出了"十四个坚持"的基本方略，为新时代更好坚持和发展中国特色社会主义提供了基本遵循，为实现中华民族伟大复兴的中国梦提供了行动指南。习近平新时代中国特色社会主义思想和基本方略必将体现在治国理政各个方面和各个过程。

在新时代，只有把马克思主义同中国具体实际和时代特征结合起来的习近平新时代中国特色社会主义思想，而没有别的什么思想能够解决社会主义的前途和命运问题，解决中华民族的前途和命运问题。在当代中国，坚持习近平新时代中国特色社会主义思想，就是真正坚持和发展马克思主义，就是真正坚持和发展科学社会主义。

□ 实践指导

1.深刻领会习近平新时代中国特色社会主义思想的历史地位和指导意义。习近平新时代中国特色社会主义思想浩瀚深邃、博大精深，既是全党智慧的结晶，又集中展现了习近平总书记的巨大理论勇气、超凡政治智慧、远见卓识和独创思想，是21世纪中国的马克思主义，是马克思主义中国化的最新成果，开辟了中国特色社会主义理论体系新境界。坚持以习近平新时代中国特色社会主义思想统一思想和行动，增强学习贯彻的自觉性和坚定性，把习近平新时代中国特色社会主义思想贯彻到社会主义现代化建设全过程、体现到党的建设各方面。

2. 着重掌握习近平新时代中国特色社会主义思想贯穿的马克思主义立场观点方法，深刻领会蕴含其中的坚定信仰信念、鲜明人民立场、强烈历史担当、求真务实作风、勇于创新精神和科学思想方法，学而信、学而用、学而行，真正用以武装头脑、铸造灵魂、指导实践、推动工作。

3. 深刻领会中国特色社会主义进入新时代这个重大政治论断。深刻认识中国特色社会主义进入新时代在中华人民共和国发展史、中华民族发展史，乃至世界社会主义发展史、人类社会发展史上的重大意义，牢牢把握新时代的丰富内涵，进一步明确面临的新形势新任务新要求。

4. 深刻领会我国社会主要矛盾发生变化的新特点。我国社会主要矛盾的变化是关系全局的历史性变化，对党和国家工作提出了新要求。我们必须认真贯彻新发展理念，深入研究和把握经济社会发展规律和阶段性特征，着力解决好不平衡不充分发展的问题，大力提升发展质量和效益，更好满足人民对美好生活的需要，推动人的全面发展、社会全面进步。

5. 深刻领会新时代中国共产党的历史使命。实现中华民族伟大复兴是近代以来中华民族最伟大的梦想。实现伟大梦想，必须进行伟大斗争、建设伟大工程、推进伟大事业。要进一步增强政治责任感和历史使命感，把"四个伟大"作为一个整体，贯通起来把握、结合起来推进。要高举旗帜、坚定信心，头脑清醒、居安思危，做好应对各种风险挑战、进行伟大斗争的准备，深入推进党的建设新的伟大工程，不断把中国特色社会主义推向前进，一往无前地向着中华民族伟大复兴中国梦迈进。

6. 把习近平新时代中国特色社会主义思想作为各级党委中心组理论学习的重要内容，领导干部要先学一步，学深一些、学透一些，切实把思想和行动统一到习近平新时代中国特色社会主义思想上来，进一步增强政治意识、大局意识、核心意识、看齐意识，自觉在思想上政治上行动上同以习近平同志为核心的党中央保持高度一致,坚决维护习近平总书记的核心地位,坚决维护党中央权威和集中统一领导。

7. 大力弘扬理论联系实际的学风,强化问题意识、树立问题导向,以习近平新时代中国特色社会主义思想为指导,着力提高理论学习能力、政治领导能力、改革创新能力、科学发展能力、依法执政能力、群众工作能力、驾驭风险能力,努力在解决改革发展稳定的重大问题、人民群众反映强烈的热点难点问题、党的建设的突出问题上取得新的突破,创造新的业绩。

8. 全面准确贯彻落实党的十九大提出的"八个明确"和"十四个坚持"。两者之间是相辅相成的关系,"八个明确"是理论上回答"是什么"的问题,即我们要坚持和发展的是什么样的社会主义。"十四个坚持"从实践层面明确回答"怎么办"的问题。"八个明确"和"十四个坚持"是习近平新时代中国特色社会主义思想的重要内容,也是新时代全面准确贯彻落实党的十九大精神的重点。

2. 社会主要矛盾转化

 重要背景

1981 年,党的十一届六中全会通过的《关于建国以来党的若干历史问题的决议》对我国社会主要矛盾首次作出规范的表述:"在社会主义改造基本完成以后,我国所要解决的主要矛盾,是人民日益增长的物质文化需要同落后的社会生产之间的矛盾。"

1987 年,党的十三大报告指出:"我国正处在社会主义初级阶段。"并指出"我们现阶段所面临的主要矛盾,是人民日益增长的物质文化需要同落后的社会生产之间的矛盾"。党的十八大报告指出:人民日益增长的物质文化需要同落后的社会生产之间的矛盾这一社会主要矛盾没有变。

2017 年,习近平总书记在党的十九大报告中强调,中国特色社会主义进入新时代,我国社会主要矛盾已经转化为人民日益增长的美好生活需要和不平衡不充分的发展之间的矛盾。

□ 简明要义

社会主要矛盾转化,是指我国社会主要矛盾由人民日益增长的物质文化需要同落后的社会生产之间的矛盾,转化为人民日益增长的美好生活需要和不平衡不充分的发展之间的矛盾。

中国特色社会主义进入新时代,我国稳定解决了十几亿人的温饱问题,总体上实现小康,不久将全面建成小康社会,人民美好生活需要日益广泛,不仅对物质文化生活提出了更高要求,而且在民主、法治、公平、正义、安全、环境等方面的要求日益增长。同时,我国社会生产力水平总体上显著提高,社会生产能力在很多方面进入世界前列,"落后的社会生产"的提法已经不能真实反映我国发展的现状。更加突出的问题是发展不平衡不充分,这已经成为满足人民日益增长的美好生活需要的主要制约因素。因此,党的十九大报告明确提出,我国社会主要矛盾已经转化为人民日益增长的美好生活需要和不平衡不充分的发展之间的矛盾。这是马克思主义中国化的最新成果,是符合中国实际情况的全新理论论断,意义重大。

但必须认识到,我国社会主要矛盾的变化,没有改变对我国社会主义所处历史阶段的判断,我国仍处于并将长期处于社会主义初级阶段的基本国情没有变,我国是世界最大发展中国家的国际地位没有变。

□ 实践指导

我国社会主要矛盾的变化是关系全局的历史性变化,对党和国家工作提出了许多新要求。

1. 在继续推动发展的基础上，着力解决好发展不平衡不充分问题，大力提升发展质量和效益。改革开放以来，我国经济的高速增长，对于生产力水平的提高，发挥了重要作用，人民生活水平明显提升。同时，高速发展背后积累的发展不平衡、不充分的问题也在不断显现。积极推动供给侧结构性改革，转变经济发展方式，重视发展的质量和效益是新常态下的重点任务。

2. 更好满足人民在经济、政治、文化、社会、生态等方面日益增长的需要，更好推动人的全面发展。随着我国经济多年的高速增长，物质财富极大增加，人民基本生活得到保障。人民的需要也从基本生活需要转向更高层次的全方位需要。只有在推动经济发展的同时，全面推动国家各方面发展，实现平衡发展、充分发展，促进社会全面进步，才能在更高水平上满足人民日益增长的美好生活需要。

3. 实施乡村振兴战略、区域协调发展战略等，进一步缩小各区域各领域各方面发展差距，精准扶贫，消除贫困，改善民生，促进社会公平正义，满足全体人民对美好生活的需要。

3. 两步走

重要背景

1954年召开的第一届全国人民代表大会,明确提出"四个现代化"的任务。

1987年10月,党的十三大报告确立了"三步走"战略设想:第一步,到1990年实现国民生产总值比1980年翻一番,解决人民的温饱问题;第二步,到20世纪末,使国民生产总值再增长一倍,人民生活达到小康水平;第三步,到21世纪中叶,人均国民生产总值达到中等发达国家水平,人们生活比较富裕,基本实现现代化。

1997年9月,党的十五大报告在前两个目标已提前实现的基础上,提出了"两个一百年"战略:到建党100年时实现经济更加发展,各项制度更加完善;到建国100年时,基本实现现代化,建成富强民主文明的社会主义国家。

2003年10月,党的十六大报告设计了第一个百年目标,即全面建设惠及十几亿人口的更高水平的小康社会。党的十七大和十八大对第一个百年目标进行进一步设计,使全面建设小康社会的标准更高、更均衡、更可持续。其中,党的十八大报告还明确提出了"全面建成小康社会"，并把第二个百年目标丰富为富强民主文明和谐的社会主义现代化国家。

党的十九大把第二个百年目标进一步拓展为富强民主文明和谐美丽的社会主义现代化强国，并给出了"两步走"战略安排。从2020年，到2035年，基本实现现代化，在基本实现现代化的基础上，再奋斗十五年，把我国建成社会主义现代化强国。

□ 简明要义

"两步走"战略目标是新时代中国特色社会主义发展的战略安排，这标志着把我国建成社会主义现代化强国有了"时间表"。

1. "两步走"战略目标，与"三步走"战略目标和"两个一百年"战略目标是一脉相承的，并且赋予了新的内涵，显示出继承性、连续性和开创性。

2. 从"社会主义现代化国家"到"社会主义现代化强国"，新目标是由我国发展新的历史方位决定的。这一新的历史方位，就是中国特色社会主义进入了新时代。这个新时代，就是决胜全面建成小康社会、进而全面建设社会主义现代化强国的新时代。

3. 从"社会主义现代化国家"到"社会主义现代化强国"，一字之变，彰显了中国共产党和中国人民的信心和决心。从"站起来"、"富起来"向"强起来"迈进，全党全国人民的思想和行为都要立足于这一战略定位，坚定地为实现这一目标去奋斗。

4. 从"富强民主文明和谐"到"富强民主文明和谐美丽"，新目标的内容变得更加丰富。将"美丽"纳入新的奋斗目标，不仅丰富了社会主义现代化奋斗目标的内容,进一步拓展了中国走向现代化的"绿色发展"途径,而且实现了"五位一体"总体布局与社会主义现代化建设目标的有效对接。

□ 实践指导

1. 发展是实现"两步走"战略目标的关键。坚定不移地坚持发展是硬道理的战略思想,把发展作为党执政兴国的第一要务。

2. 全面建成小康社会是实现"两步走"战略目标的重要一环。全面建成小康社会的"全面",体现在覆盖的人群是全面的,是不分地域的全面小康,是不让一个人掉队的全面小康,意味着全国各个地区都要迈入小康社会。

3. 以"一张蓝图干到底"的战略定力和实干精神去实现"两步走"战略目标。习近平总书记指出:"实现我们确立的奋斗目标,我们既要有'乱云飞渡仍从容'的战略定力,又要有'不到长城非好汉'的进取精神。"当前,党带领全国人民在决胜全面建成小康进程中实现了加速跑,当实现第一个百年奋斗目标之后,按照"两个一百年"奋斗目标的时间表,接着又要向着第二个百年奋斗目标奋勇前进,这时仍然继续发扬钉钉子的实干精神,以新的精神状态和奋斗姿态开启建设社会主义现代化国家的新征程。

4. 两个一百年

 重要背景

党的十五大报告指出，"展望下世纪，我们的目标是，第一个十年实现国民生产总值比二零零零年翻一番，使人民的小康生活更加宽裕，形成比较完善的社会主义市场经济体制；再经过十年的努力，到建党一百年时，使国民经济更加发展，各项制度更加完善；到世纪中叶建国一百年时，基本实现现代化，建成富强民主文明的社会主义国家。"

党的十八大报告再次重申，"只要我们胸怀理想、坚定信念，不动摇、不懈怠、不折腾，顽强奋斗、艰苦奋斗、不懈奋斗，就一定能在中国共产党成立一百年时全面建成小康社会，就一定能在新中国成立一百年时建成富强民主文明和谐的社会主义现代化国家。"

2012 年 11 月 29 日，在国家博物馆参观《复兴之路》展览时，习近平总书记强调："我坚信，到中国共产党成立 100 年时全面建成小康社会的目标一定能实现，到新中国成立 100 年时建成富强民主文明和谐的社会主义现代化国家的目标一定能实现，中华民族伟大复兴的梦想一定能实现。"

2016 年 7 月 1 日,在庆祝中国共产党成立 95 周年大会上,习近平总书记再次强调"两个一百年"奋斗目标。

党的十九大报告又再次重申"两个一百年"的奋斗目标。

□ 简明要义

改革开放之后,我们党对我国社会主义现代化建设作出战略安排,提出"三步走"战略目标。解决人民温饱问题、人民生活总体上达到小康水平这两个目标已提前实现。在这个基础上,我们党提出,到建党一百年时建成经济更加发展、民主更加健全、科教更加进步、文化更加繁荣、社会更加和谐、人民生活更加殷实的小康社会,然后再奋斗三十年,到新中国成立一百年时,基本实现现代化,把我国建成社会主义现代化国家。

从十九大到二十大,是"两个一百年"奋斗目标的历史交汇期。我们既要全面建成小康社会、实现第一个百年奋斗目标,又要乘势而上开启全面建设社会主义现代化国家新征程,向第二个百年奋斗目标进军。"两个一百年"奋斗目标是实现中华民族伟大复兴征程上具有里程碑意义的重大战略部署。

1."两个一百年"奋斗目标彼此之间不可割断,这是一个循序渐进的过程,在如期实现第一个百年奋斗目标的基础上,继续前行,向着第二个百年奋斗目标奋勇前进。

2."两个一百年"奋斗目标是当前全党全国各族人民要共同为之奋斗的目标,体现了中国共产党人强烈的历史担当。这一目标,既是中华民族的宏伟目标,也要把每个人、每个家庭、各方面群众的愿望和利益结合起来，全国人民一起去实现这一目标。

□ 实践指导

1. 发展是实现"两个一百年"奋斗目标的关键。实现"两个一百年"奋斗目标，关键在发展。而在当前和今后一个时期，贯彻发展是硬道理这一战略思想的关键，又是如何认识、适应、引领经济发展新常态。

2. 摆脱贫困是实现第一个百年奋斗目标的一个标志性指标，也是一个突出短板。在实践中，既要因地制宜地实施"五个一批"工程，解决好当前最突出、最紧迫的"补短板"问题，更要创新体制机制，努力实现由"大水漫灌"向"精准滴灌"转变、由多头分散向统筹集中转变、由偏重"输血"向注重"造血"转变、由侧重考核地区生产总值向主要考核脱贫成效转变，实现稳定脱贫、高质量脱贫，让脱贫成果获得群众认可，经得起历史和实践检验。

3. 以"一张蓝图干到底"的战略定力和实干精神去实现"两个一百年"奋斗目标。习近平总书记指出："实现我们确立的奋斗目标，我们既要有'乱云飞渡仍从容'的战略定力，又要有'不到长城非好汉'的进取精神。"党的十八大以来，我们党始终保持战略定力、增强发展自信，对三大规律的认识和运用在发展，对战略机遇期内涵的把握在深化，谋划和推动发展的理念在丰富，解决社会主要矛盾的举措在优化。当前，我们党带领人民在决胜全面小康进程中实现了加速跑，当实现第一个百年奋斗目标之后，按照"两个一百年"奋斗目标的时间表，接着要向第二个百年奋斗目标奋勇前进，仍然需要继续发扬钉钉子的实干精神，以新的精神状态和奋斗姿态开启建设社会主义现代化国家的新征程。

5. 习近平新时代中国特色社会主义经济思想

 重要背景

2017年12月,中央经济工作会议首次提出"习近平新时代中国特色社会主义经济思想"。指出:"5年来,我们坚持观大势、谋全局、干实事,成功驾驭了我国经济发展大局,在实践中形成了以新发展理念为主要内容的习近平新时代中国特色社会主义经济思想。"

□ 简明要义

中国特色社会主义进入了新时代,我国经济发展也进入了新时代。党的十八大以来,以习近平同志为核心的党中央对经济形势作出科学判断,对经济工作作出正确决策,对发展思路作出及时调整,坚持观大势、谋全局、干实事,成功驾驭了我国经济发展大局,在实践中形成了以新发展理念为主要内容的习近平新时代中国特色社会主义经济思想。

党的十八大以来,我们之所以能在极其复杂的国内外经济形势下走过极不平凡的历程,我国经济发展之所以取得历史性成就、发生历史性变革,最根本的就在于有这一思想的科学指引。

习近平新时代中国特色社会主义经济思想,主要内涵可以概括为"七个坚持":坚持加强党对经济工作的集中统一领导,保证我国经济沿着正确方向发展;坚持以人民为中心的发展思想,贯穿到统筹推进"五位一体"总体布局和协调推进"四个全面"战略布局之中;坚持适应把握引领经济发展新常态,立足大局,把握规律;坚持使市场在资源配置中起决定性作用,更好发挥政府作用,坚决扫除经济发展体制机制障碍;坚持适应我国经济发展主要矛盾变化完善宏观调控,相机抉择,开准药方,把推进供给侧结构性改革作为经济工作的主线;坚持问题导向部署经济发展新战略,对我国经济社会发展变革产生深远影响;坚持正确工作策略和方法,稳中求进,保持战略定力、坚持底线思维,一步一个脚印向前迈进。"七个坚持"紧密联系,组成一个完整体系。"坚持加强党对经济工作的集中统一领导"居于首位,是总领性、根本性的;"坚持以人民为中心的发展思想"是经济发展的根本目的;后五个"坚持"是实现高质量发展的重要途径,紧紧围绕推动高质量发展进行战略谋划,从发展思路、体制机制、宏观调控、战略部署、策略方法等重要方面提出了全方位要求,是实现经济高质量发展的重要途径。

习近平新时代中国特色社会主义经济思想,是党的十八大以来推动我国经济发展实践的理论结晶,是中国特色社会主义政治经济学的最新成果,是党和国家十分宝贵的精神财富。正是有这一思想的指引,我国经济实力再上新台阶,成为世界经济增长的主要动力源和稳定器;经济结构出现重大变革,新动能对经济的支撑作用明显增强;经济更具活力和韧性,一些关键性、基础性改革取得重大突破;推动对外开放深入发展,对全球经济治理的话语权大幅度提升;人民获得感、幸福感明显增强,形成世界上人口最多的中等收入群体;生态环境状况明显好转,全党全国贯彻绿色发展理念的自觉性和主动性显著增强。在新时代必须长期坚持、不断丰富发展。

□ 实践指导

习近平新时代中国特色社会主义经济思想是习近平新时代中国特色社会主义思想的重要组成部分,在经济工作中要深刻领会习近平新时代中国特色社会主义思想的精神实质和基本内涵,坚持观大势、谋全局、干实事,把"七个坚持"认真贯彻落实到经济实践过程中。

以习近平新时代中国特色社会主义经济思想为指导,就是要加强党对经济工作的领导,坚持稳中求进工作总基调,坚持新发展理念,紧扣我国社会主要矛盾变化,按照高质量发展的要求,统筹推进"五位一体"总体布局和协调推进"四个全面"战略布局,坚持以供给侧结构性改革为主线,统筹推进稳增长、促改革、调结构、惠民生、防风险各项工作,大力推进改革开放,创新和完善宏观调控,推动质量变革、效率变革、动力变革,在打好防范化解重大风险、精准脱贫、污染防治的攻坚战方面取得扎实进展,引导和稳定预期,加强和改善民生,促进经济社会持续健康发展。

6. 以人民为中心的发展思想

 重要背景

2015 年 10 月，党的十八届五中全会审议通过了《中共中央关于制定国民经济和社会发展第十三个五年规划的建议》，提出"必须坚持以人民为中心的发展思想"。党的十九大报告进一步将坚持以人民为中心的发展思想确立为新时代中国特色社会主义基本方略。

□ 简明要义

以人民为中心的发展思想，把增进人民福祉、促进人的全面发展作为发展的出发点和落脚点，强调发展为了人民、发展依靠人民、发展成果由人民共享。

以人民为中心的发展思想解决了发展为了什么人、由谁享有发展成果这一根本问题，彰显了人民至上的价值取向。

坚持以人民为中心的发展思想，体现了我们党全心全意为人民服务的根本宗旨,体现了人民是推动历史发展根本力量的唯物史观,体现了实现共同富裕的本质要求。

□ 实践指导

人民是历史的创造者,是决定党和国家前途命运的根本力量。必须坚持人民主体地位,坚持立党为公、执政为民,践行全心全意为人民服务的根本宗旨,把党的群众路线贯彻到治国理政全部活动之中,把人民对美好生活的向往作为奋斗目标,依靠人民创造历史伟业。

7. 稳中求进工作总基调

重要背景

2011年12月,中央经济工作会议提出,2012年中国经济发展的工作总基调是"稳中求进"。2012年11月,习近平总书记在党外人士座谈会上提出,经济工作要坚持"稳中求进的工作总基调"。2016年12月召开的中央经济工作会议指出:"稳中求进工作总基调是治国理政的重要原则,也是做好经济工作的方法论。"

□ 简明要义

稳中求进,根本在"稳",着眼在"求",目的在"进"。根本在"稳",既是经济之稳,也是社会之稳。着眼在"求",就是要主动求稳,主动求进,以"求"来争取主动,以"求"来化解矛盾,增强工作的主动性、灵活性、针对性和前瞻性。目的在"进",就是要在保稳和求进的基础上,经济社会发展必须要有新的进展、新的突破、新的成效。

坚持稳中求进工作总基调是对治国理政实践经验的深刻总结，又是做好今后经济工作的重要原则，具有重大意义。

这是做好经济工作的方法论。面对国际国内新形势新情况，坚持稳中求进工作总基调有利于经济保持中高速增长、改革开放向纵深迈进、民生持续改善、社会大局总体稳定。

这是统筹推进"五位一体"总体布局和正确处理改革发展稳定关系的方法论。不仅做好经济工作需要坚持稳中求进，统筹推进"五位一体"总体布局，全面深化改革，同样需要稳中求进。

这是对治国理政规律认识的深化。将稳中求进从对经济领域工作的要求上升到治国理政重要原则的高度，是对中国特色社会主义建设规律的深刻总结。

□ 实践指导

要以习近平新时代中国特色社会主义思想为指导，全面贯彻党的十九大和十九届二中、三中全会精神，统筹推进"五位一体"总体布局，协调推进"四个全面"战略布局，坚持稳中求进工作总基调，坚持新发展理念，坚持推动高质量发展，坚持以供给侧结构性改革为主线，坚持深化市场化改革、扩大高水平开放，加快建设现代化经济体系，继续打好三大攻坚战，着力激发微观主体活力，创新和完善宏观调控，统筹推进稳增长、促改革、调结构、惠民生、防风险工作，保持经济运行在合理区间，进一步稳就业、稳金融、稳外贸、稳外资、稳投资、稳预期，提振市场信心，增强人民群众获得感、幸福感、安全感，保持经济持续健康发展和社会大局稳定。

　　宏观政策要强化逆周期调节,继续实施积极的财政政策和稳健的货币政策,适时预调微调,稳定总需求;积极的财政政策要加力提效,实施更大规模的减税降费,较大幅度增加地方政府专项债券规模;稳健的货币政策要松紧适度,保持流动性合理充裕,改善货币政策传导机制,提高直接融资比重,解决好民营企业和小微企业融资难融资贵问题。结构性政策要强化体制机制建设,坚持向改革要动力,深化国资国企、财税金融、土地、市场准入、社会管理等领域改革,强化竞争政策的基础性地位,创造公平竞争的制度环境,鼓励中小企业加快成长。社会政策要强化兜底保障功能,实施就业优先政策,确保群众基本生活底线,寓管理于服务之中。

8. 经济新常态

重要背景

  2014 年 5 月,习近平总书记在河南考察时提出,我国发展仍处于重要战略机遇期,要增强信心,从当前我国经济发展的阶段性特征出发,适应新常态,保持战略上的平常心态。在战术上要高度重视和防范各种风险,早作谋划,未雨绸缪,及时采取应对措施,尽可能减少其负面影响。

  习近平总书记在 2014 年 11 月召开的亚太经合组织(APEC)工商领导人峰会上,首次系统阐述了什么是经济新常态、新常态的新机遇、怎么适应新常态等关键点。习近平总书记指出,中国经济呈现出新常态有几个主要特点:速度——“从高速增长转为中高速增长”;结构——“经济结构不断优化升级”;动力——“从要素驱动、投资驱动转向创新驱动”。

  在 2014 年和 2015 年的中央经济工作会议上,习近平总书记分别阐述了经济发展新常态带来的趋势性变化和对新常态怎么看、怎么干。在随后的多次讲话中,习近平总书记强调全面认识和把握新常态,需要从时间和空间大角度审视我国发展。

□ 简明要义

经济新常态是党中央对我国经济所处发展阶段的重大战略判断。经济发展进入新常态，表明我国经济已由高速增长阶段迈向高质量发展阶段，逐步迈入高效率、低成本、可持续发展的中高速增长阶段。

1.从速度层面看，经济发展速度从高速增长转为中高速增长，经济发展质量发生飞跃。当我国经济发展进入新常态后，虽然年均经济增长速度有所放缓，但与世界其他国家和地区经济增长速度相比，这一增长速度仍处于第一梯队。诚然，我国经济增速回落引起不少人担忧，但事实上增速回落是历史发展的必然规律。纵观许多国家经济发展的历史，保持一定的经济增长速度是常态，高增长往往是经济发展的特例。

2.从结构层面看，经济结构发生全面调整，不断优化升级。近年来，我国服务业增加值已超过工业增加值，逐渐成为我国经济增长新一轮的"火车头"。同时，消费性需求的稳定运行以及外需的逐步回升，成为推动我国经济企稳回升的两大动力。这充分表明，我国经济结构持续优化已成为新常态。

3.从动力层面看，经济发展从要素驱动、投资驱动向创新驱动转变，归根到底要靠科技进步、劳动者素质提高和管理创新。随着我国经济总量的不断攀升，原有的动力机制已不再适应我国未来经济发展的需要。换言之，"从高速增长转为中高速增长"，是经济发展动力机制从要素驱动、投资驱动向创新驱动转变的必然过程，也是经济发展动力由一元向多元转变的必然过程。

以习近平同志为核心的党中央审时度势，客观判断我国经济发展所处的历史阶段,充分认识到我国经济正处于发展进程中的阶段性转换。

□ 实践指导

1. 客观认识经济新常态带来的机遇与挑战。在经济新常态下,我国经济年均增长速度比过去十几年放缓了2—3个百分点,但经济发展逐渐摆脱过去那种粗放型发展模式,转为依靠优化结构、提高全要素生产率和开拓创新型模式,挑战与机遇并存。

2. 勇于改革创新。应对经济新常态必须向体制机制改革要红利。要通过体制机制改革,使国家治理体系和治理能力不断趋于现代化,发挥市场在资源配置中的决定性作用,让一切劳动、知识、技术、管理、资本的活力竞相迸发,让一切创造社会财富的源泉充分涌流。

3. 充分挖掘人口红利。随着人口结构的变化,我国人口老龄化问题越来越突出,人口红利逐渐减弱,但可以通过逐步提高退休年龄、提高劳动参与率、提高总和生育率(如全面两孩政策)等措施,延长人口红利释放期,减小其对经济发展的不利影响。

4. 把改善民生作为政策目标。应对经济新常态,化解社会矛盾,保持经济健康可持续发展,一个重要前提就是在经济发展和推进体制改革进程中,能够使民生不断得到改善,让发展成果更多更公平惠及全体人民。

9.新发展理念

 重要背景

2015年10月,中国共产党第十八届中央委员会第五次全体会议提出,实现"十三五"时期发展目标,破解发展难题,厚植发展优势,必须牢固树立并切实贯彻创新、协调、绿色、开放、共享的发展理念。

2015年11月,习近平总书记在关于《中共中央关于制定国民经济和社会发展第十三个五年规划的建议》的说明中指出,新发展理念,是"十三五"乃至更长时期我国发展思路、发展方向、发展着力点的集中体现,也是改革开放30多年来我国发展经验的集中体现,反映出我们党对我国发展规律的新认识。

新发展理念是关系我国发展全局的一场深刻变革。习近平总书记在省部级主要领导干部学习贯彻党的十八届五中全会精神专题研讨班上强调,深入理解新发展理念需要着力实施创新驱动发展战略、着力增强发展的整体性协调性、着力推进人与自然和谐共生、着力形成对外开放新体制、着力践行以人民为中心的发展思想,同时指出新发展理念要落地生根、变成普遍实践,关键在各级领导干部的认识和行动。

□ 简明要义

"创新、协调、绿色、开放、共享"的新发展理念,集中反映了中国共产党对经济社会发展规律认识的深化,极大丰富了马克思主义发展观,为中国共产党带领全国人民夺取全面建成小康社会决战阶段的伟大胜利提供了强大思想武器,推动新时代中国特色社会主义道路越走越宽广。

1. 创新是引领经济社会发展的第一动力。把创新摆在国家发展全局的核心位置,既是对"科技是第一生产力"内涵的进一步升华和深化,同时已超越科技层面,使创新进入到理论、制度、文化等综合层面,成为全党全社会的一项紧迫任务。

2. 协调是经济社会持续健康发展的内在要求。协调发展由发展失衡和不可持续而生,由发展实际倒逼而来,旨在补齐发展短板,解决发展不平衡问题,体现了目标导向和问题导向的统一。

3. 绿色是实现中华民族永续发展的必要条件。绿水青山就是金山银山。小康全面不全面,生态环境质量是关键。绿色发展是实现生产发展、生活富裕、生态良好的文明发展道路的历史选择,是通往人与自然和谐境界的必由之路。

4. 开放是实现全世界共同繁荣发展的必然选择。"一花独放不是春,百花齐放春满园。"开放发展是我国基于改革开放成功经验的历史总结,也是拓展经济发展空间、提升开放型经济发展水平的必然要求。

5. 共享是社会主义的本质要求。改革发展搞得成功不成功,最终的判断标准是人民是不是共享到了改革发展成果。改善民生,让人民共享发展成果,坚定不移走共同富裕道路,是社会主义的本质要求,是社会主义制度优越性的集中体现,也是中国共产党坚持全心全意为人民服务这一根本宗旨的必然选择。

6.新发展理念相互贯通、相互促进,是具有内在联系的集合体。哪一个发展理念贯彻不到位,发展进程都会受到影响。唯有统一贯彻,出实招、破难题,才能如期全面建成小康社会。

"创新、协调、绿色、开放、共享"的新发展理念,同引领我国经济发展新常态相适应,同实现"十三五"时期全面建成小康社会新的目标要求相契合,同人民群众热切期盼在发展中有更多获得感的新期待相呼应。

□ 实践指导

1.激发创新创业活力,推动大众创业、万众创新,释放新需求,创造新供给,推动新技术、新产业、新业态蓬勃发展。

2.推动区域协调发展,推动城乡协调发展,推动物质文明和精神文明协调发展,推动经济建设和国防建设融合发展,全面确立协调发展的方向和目标。

3.树立尊重自然、顺应自然、保护自然的生态文明理念,在生态环境保护上算大账、算长远账、算整体账、算综合账,形成节约资源和保护环境的空间格局、产业结构、生产方式和生活方式。

4.推进"一带一路"建设,完善对外开放新格局。推进双向开放,支持沿海沿边地区全面参与全球经济合作和竞争,完善法治化、国际化、便利化的营商环境,健全服务贸易促进体系,全面实行准入前国民待遇加负面清单管理制度。

5.在不断做大"蛋糕"的同时把"蛋糕"分好,缩小收入差距,把差距控制在合理范围内,防止贫富悬殊,形成体现公平正义要求、符合共享发展方向的收入分配格局。

10. 高质量发展

 重要背景

习近平总书记在党的十九大报告首次提出"高质量发展",指出"我国经济已由高速增长阶段转向高质量发展阶段,正处在转变发展方式、优化经济结构、转换增长动力的攻关期,建设现代化经济体系是跨越关口的迫切要求和我国发展的战略目标"。

2017年12月,中央经济工作会议就经济高质量发展作出具体部署。

□ 简明要义

高质量发展,集中体现了坚持以提高发展质量和效益为中心,是为了更好满足人民日益增长的美好生活需要的发展,是体现新发展理念的发展。更通俗地说,高质量发展,就是从"有没有"转向"好不好"。

推动高质量发展,是保持经济持续健康发展的必然要求,是适应我国社会主要矛盾变化和全面建成小康社会、全面建设社会主义现代化国家的必然要求，是遵循经济规律发展的必然要求。推动高质量发展，对于我国发展全局具有重大现实意义和深远历史意义。

□ 实践指导

必须坚持质量第一、效益优先，以供给侧结构性改革为主线，推动经济发展质量变革、效率变革、动力变革，提高全要素生产率，着力加快建设实体经济、科技创新、现代金融、人力资源协同发展的产业体系，着力构建市场机制有效、微观主体有活力、宏观调控有度的经济体制，不断增强我国经济创新力和竞争力。

1. 坚持适应把握引领经济发展新常态。始终坚持以经济建设为中心，变中求新、新中求进、进中突破，推动我国经济实现高质量发展。

2. 把推进供给侧结构性改革作为经济工作的主线。转变发展方式，培育创新动力，为经济持续健康发展打造新引擎、构建新支撑。要通过深化供给侧结构性改革，优化存量资源配置，扩大优质增量供给，实现更高水平和更高质量的供需动态平衡，显著增强我国经济质量优势。

3. 建设现代化经济体系。大力发展实体经济，筑牢现代化经济体系的坚实基础。加快实施创新驱动发展战略，强化现代化经济体系的战略支撑。实施乡村振兴战略，夯实现代化经济体系的重要基础。积极推动城乡区域协调发展，优化现代化经济体系的空间布局。着力发展开放性经济，提高现代化经济体系的国际竞争力。深化经济体制改革，完善现代化经济体系的制度保障。

4.使市场在资源配置中起决定性作用,更好发挥政府作用。要以完善产权制度和要素市场化配置为重点推进经济体制改革,实现产权有效激励、要素自由流动、价格反应灵活、竞争公平有序、企业优胜劣汰。必须坚持有所为、有所不为,着力提高宏观调控和科学管理水平。加强和优化公共服务,保障公平竞争,弥补市场失灵,加强市场监管,维护市场秩序,推动可持续发展,促进共同富裕。处理好政府和市场的关系,要讲辩证法、两点论,把"看不见的手"和"看得见的手"都用好。

11. 两个毫不动摇

 **重要背景**

在党的十六大报告提出了"两个毫不动摇"以后，这一概念多次出现在党代会的报告中，成为我们党对社会主义市场经济发展实践的新概括。

2013年11月，党的十八届三中全会通过的《中共中央关于全面深化改革若干重大问题的决定》强调，公有制经济和非公有制经济都是社会主义市场经济的重要组成部分，都是我国经济社会发展的重要基础，要继续坚持"两个毫不动摇"，即"必须毫不动摇巩固和发展公有制经济，坚持公有制主体地位，发挥国有经济主导作用，不断增强国有经济活力、控制力、影响力。必须毫不动摇鼓励、支持、引导非公有制经济发展，激发非公有制经济活力和创造力"。

2016年3月，习近平总书记看望了参加全国政协十二届四次会议的民建、工商联委员。他发表讲话并再次强调，坚持和完善基本经济制度必须坚持"两个毫不动摇"，并提出"三个没有变"，即非公有制经济在我国经济社会发展中的地位和作用没有变，鼓励、支持、引导非公有制经济发展的方针政策没有变，我们致力于为非公有制经济发展营造良好环境和提供更多机会的方针政策没有变。

2018年9月，在东北三省考察期间，习近平总书记重申"两个毫不动摇"的大政方针，表明了我们党的一贯立场，回应了社会的重大关切，为我们在新时代更好地坚持和完善我国基本经济制度指明了方向。

□ 简明要义

在社会主义初级阶段，公有制经济和非公有制经济都是发展社会生产力不可缺少的所有制形式，都是社会主义市场经济的重要组成部分，都可以用来为社会主义建设实践服务。公有制经济和非公有制经济的发展，犹如我国经济腾飞的"两翼"，同样不可或缺。

1. 公有制经济和非公有制经济之间不是你进我退的"零和博弈"，而是共生共荣的双赢关系，在相互竞争合作中共享我国社会主义经济建设的发展成果。

2. 公有制经济与非公有制经济是深度融合的统一。实现这种融合的组织形式，既可以是通过混合所有制组建的现代企业制度形式，又可以在分工协作的基础上形成一种上下游产业发展形式。

3. 公有制经济为国民经济持续健康发展提供基础性保障，为非公有制经济生存和发展提供有利条件，非公有制经济也为公有制经济营造竞争性的市场环境，通过市场力量助推国有企业改革，两者是一种相互依存、相互促进的关系。

4. "两个毫不动摇"之所以能激发市场活力、提升生产效率、发挥各自优势，就在于它尊重了我国社会主义初级阶段的基本国情，不搞单一公有化,也不搞全盘私有化,而是实行相互竞争合作或融合混合,从而调动各方面的生产积极性,实现共同促进,共同发展。

5. 坚持"两个毫不动摇"必须有一个前提条件,那就是必须坚持公有制经济的主体地位。坚持公有制经济的主体地位,不仅在我国宪法中有明确的规定,而且也是实现国民经济持续健康发展的现实要求,同时还为非公有制经济发展提供可靠保障。

坚持和完善基本经济制度必须坚持"两个毫不动摇",这是由我国不平衡、多层次的生产力发展水平决定的,也是我国历史选择的必然结果。

□ 实践指导

1. 理直气壮地做强做优做大国有企业。国有企业是壮大国家综合实力、保障人民共同利益的重要力量,必须理直气壮做强做优做大,不断增强活力、影响力、抗风险能力,实现国有资产保值增值。

2. 坚定不移地深化国有企业体制机制改革。建立和完善现代企业制度,准确界定不同国有企业的功能,针对不同功能制定相应的改革措施。同时,还需要构建有效的法人治理结构,把国有企业打造为具有充分竞争力的市场主体。

3. 按照创新、协调、绿色、开放、共享的发展理念要求,推进国有经济结构调整、创新发展和布局优化,使国有企业在供给侧结构性改革中发挥带动作用。

4. 加强和改进党对国有企业的领导,充分发挥党组织的政治核心作用。各级党委和政府要牢记搞好国有企业、发展壮大国有经济的重大责任,加强对国有企业改革的组织领导,尽快在国有企业改革重要领域和关键环节不断取得新成效。

5.从市场准入、金融支持、财政支持、税费负担和人才支撑等方面进一步出台鼓励、支持、引导非公经济发展的政策措施,加强对非公经济的服务、协调和管理。

6.营造不同所有制企业公平参与市场竞争的机会,在市场竞争中平等地获取生产要素。

7.构建不同市场主体同等受法律保护的法治环境,为不同市场主体之间的平等交易提供有效保障。

12. 国有资本授权经营体制

重要背景

1992 年 9 月,国家国有资产管理局印发了《国家试点企业集团国有资产授权经营的实施办法》,提出国有资本授权经营体制,通过健全国有资产经营的有效形式,提升国有企业经营创效能力,实现国有资产保值增值。

2013 年 11 月,党的十八届三中全会通过的《中共中央关于全面深化改革若干重大问题的决定》提出"完善国有资产管理体制,以管资本为主加强国有资产监管,改革国有资本授权经营体制,组建若干国有资本运营公司,支持有条件的国有企业改组为国有资本投资公司。"

2015 年 9 月,中共中央 国务院印发了《关于深化国有企业改革的指导意见》,提出"以管资本为主改革国有资本授权经营体制。改组组建国有资本投资、运营公司,探索有效的运营模式,通过开展投资融资、产业培育、资本整合,推动产业集聚和转型升级,优化国有资本布局结构;通过股权运作、价值管理、有序进退,促进国有资本合理流动,实现保值增值"。

2015 年 11 月，国务院印发了《关于改革和完善国有资产管理体制的若干意见》，明确了改革和完善国有资本授权经营体制的总体要求、基本原则、主要措施，并提出了协同推进配套改革的相关要求。

□ 简明要义

以管资本为主改革国有资本授权经营体制，首先需要改组组建国有资本投资、运营公司。投资、运营公司作为国有资本市场化运作的专业化平台，在国有资产监管机构依法授权下，对授权范围内的国有资本依法自主开展运作。

以管资本为主改革国有资本授权经营体制，需要坚持如下基本原则：

1. 坚持权责明晰。实现政企分开、政资分开、所有权与经营权分离，依法理顺政府与国有企业的出资关系。切实转变政府职能，依法确立国有企业的市场主体地位，建立健全现代企业制度。坚持政府公共管理职能与国有资产出资人职能分开，确保国有企业依法自主经营，激发企业活力、创新力和内生动力。

2. 坚持突出重点。按照市场经济规则和现代企业制度要求，以管资本为主，以资本为纽带，以产权为基础，重点管好国有资本布局、规范资本运作、提高资本回报、维护资本安全。注重通过公司法人治理结构依法行使国有股东权利。

3. 坚持放管结合。按照权责明确、监管高效、规范透明的要求，推进国有资产监管机构职能和监管方式转变。该放的依法放开，切实增强企业活力,提高国有资本运营效率;该管的科学管好,严格防止国有资产流失,确保国有资产保值增值。

□ 实践指导

1.改组组建国有资本投资、运营公司。主要通过划拨现有商业类国有企业的国有股权,以及国有资本经营预算注资组建,以提升国有资本运营效率、提高国有资本回报为主要目标,通过股权运作、价值管理、有序进退等方式,促进国有资本合理流动,实现保值增值;或选择具备一定条件的国有独资企业集团改组设立,以服务国家战略、提升产业竞争力为主要目标,在关系国家安全、国民经济命脉的重要行业和关键领域,通过开展投资融资、产业培育和资本整合等,推动产业集聚和转型升级,优化国有资本布局结构。

2.明确国有资产监管机构与国有资本投资、运营公司关系。政府授权国有资产监管机构依法对国有资本投资、运营公司履行出资人职责。国有资产监管机构按照"一企一策"原则,明确对国有资本投资、运营公司授权的内容、范围和方式,依法落实国有资本投资、运营公司董事会职权。国有资本投资、运营公司对授权范围内的国有资本履行出资人职责,作为国有资本市场化运作的专业平台,依法自主开展国有资本运作,对所出资企业行使股东职责,维护股东合法权益,按照责权对应原则切实承担起国有资产保值增值责任。

3.界定国有资本投资、运营公司与所出资企业关系。国有资本投资、运营公司依据公司法等相关法律法规,对所出资企业依法行使股东权力,以出资额为限承担有限责任。以财务性持股为主,建立财务管控模式,重点关注国有资本流动和增值状况;或以对战略性核心业务控股为主,建立以战略目标和财务效益为主的管控模式,重点关注所出资企业执行公司战略和资本回报状况。

13. 国有经济布局优化

 重要背景

1997 年 9 月,党的十五大明确提出要从战略上调整国有经济布局。

2013 年 11 月,党的十八届三中全会通过的《中共中央关于全面深化改革若干重大问题的决定》,对国有经济优化布局提出新的要求:"国有资本投资运营要服务于国家战略目标,更多投向关系国家安全、国民经济命脉的重要行业和关键领域,重点提供公共服务、发展重要前瞻性战略性产业、保护生态环境、支持科技进步、保障国家安全。"

2015 年 9 月,中共中央 国务院印发了《关于深化国有企业改革的指导意见》明确提出:"以管资本为主推动国有资本合理流动优化配置。坚持以市场为导向、以企业为主体,有进有退、有所为有所不为,优化国有资本布局结构,增强国有经济整体功能和效率。"

□ 简明要义

国有经济布局,是指国有经济在国民经济中的比重、在关键产业领域的分布、中央和地方企业区域格局、企业持股比例分配以及企业组织规模选择等,国有经济布局的战略性调整主要包括外部总体调整、内部产业结构调整、地区层级调整、微观产权调整和企业组织规模调整五个维度,重点是内部产业布局调整,即向关系国家安全、国民经济命脉的重要行业和关键领域集中。

近年来,国有资产管理体制改革取得重大突破,国有经济布局和结构调整取得重要进展,国有企业改革不断深化、经济效益显著提高,对完善社会主义市场经济体制、促进国民经济持续快速健康发展,发挥了重要作用。但从整体上看,国有经济产业布局和企业组织结构仍然不尽合理,一些企业主业不够突出,核心竞争力不强。实行国有经济布局调整和优化,完善国有资本有进有退、合理流动的机制,是经济体制改革的一项重大任务。

□ 实践指导

1. 推动国有资本向重要行业和关键领域集中,增强国有经济控制力,发挥主导作用。重要行业和关键领域主要包括:涉及国家安全的行业,重大基础设施和重要矿产资源,提供重要公共产品和服务的行业,以及支柱产业和高新技术产业中的重要骨干企业。

2. 鼓励非公有制企业通过并购和控股、参股等多种形式,参与国有企业的改组改制改造。对需要由国有资本控股的企业,要区别不同情况实行绝对控股和相对控股;对不属于重要行业和关键领域的国有资本,按照有进有退、合理流动的原则,实行依法转让,防止国有资产流失。对国有资产转让收益,应严格按照国家有关政策规定进行使用和管理。

3. 放开搞活国有中小企业,建立劣势企业退出市场的机制。采取改组、联合、兼并、租赁、承包经营、合资、转让国有产权和股份制、股份合作制等多种形式,继续放开搞活国有中小企业。对长期亏损、资不抵债、不能清偿到期债务的企业和资源枯竭的矿山实施依法破产,对符合有关条件的严格按照有关规定抓紧实施政策性关闭破产。

4. 健全企业退出机制,完善相关退出政策,依法妥善处理劳动关系调整、社会保险关系接续等问题,切实维护好企业职工合法权益。建立完善政府和企业合理分担成本的机制,多渠道筹措资金,妥善解决国有企业历史遗留问题,为国有企业公平参与市场竞争创造条件。

14. 国有经济战略性重组

 重要背景

2006 年 12 月,国务院办公厅转发了国资委制定的《关于推进国有资本调整和国有企业重组的指导意见》,明确提出要加快国有大型企业的调整和重组,促进国有经济布局优化。

2015 年 9 月,中共中央 国务院印发了《关于深化国有企业改革的指导意见》,指出"以管资本为主推动国有资本合理流动优化配置","发挥国有资本投资、运营公司的作用,清理退出一批、重组整合一批、创新发展一批国有企业"。

2016 年 7 月,国务院办公厅印发了《关于推动中央企业结构调整与重组的指导意见》,提出"到 2020 年,中央企业战略定位更加准确,功能作用有效发挥;总体结构更趋合理,国有资本配置效率显著提高;发展质量明显提升,形成一批具有创新能力和国际竞争力的世界一流跨国公司"。

□ 简明要义

国有经济战略性重组是指在国家战略的指引下,通过国有资产的流动和重组,改善国有资产的配置结构和国有企业的组织结构,集中力量加强关键行业和领域的企业发展,更好地发挥国有经济在社会主义市场经济中的主导作用。国有经济的战略性重组,主要是指大型国有企业,尤其是中央企业的战略性重组。推动国有企业结构调整与重组的具体目标是:

1. 有效发挥功能作用。提升国防、能源、交通、粮食、信息、生态等关系国家安全领域的保障能力;增强重大基础设施、重要资源以及公共服务等关系国计民生和国民经济命脉重要行业的控制力;提高重大装备、信息通信、生物医药、海洋工程、节能环保等行业的影响力;加强新能源、新材料、航空航天、智能制造等产业的带动力。

2. 资源配置更趋合理。通过兼并重组、创新合作、淘汰落后产能、化解过剩产能、处置低效无效资产等途径,形成国有资本有进有退、合理流动的机制。加快推进国有企业纵向调整,不断优化产业链上下游资源配置,从价值链中低端向中高端转变。促进国有企业间的横向整合,加快推进协同经营平台建设,有效化解同质化经营、重复建设、无序竞争等问题。

3. 不断提升发展质量。企业发展战略更加明晰,主业优势更加突出,资产负债规模更趋合理,企业治理更加规范,经营机制更加灵活,创新驱动发展富有成效,国际化经营稳步推进,风险管控能力不断增强,国有资本效益明显提高,实现由注重规模扩张向注重提升质量效益转变,从国内经营为主向国内外经营并重转变。

□ 实践指导

1．"巩固加强一批",即对主业处于关系国家安全、国民经济命脉的重要行业和关键领域、主要承担国家重大专项任务的国有企业,要保证国有资本投入,增强保障国家安全和国民经济运行能力,保持国有资本控股地位,支持非国有资本参股。

2．"创新发展一批",即通过搭建调整重组平台、科技创新平台、国际化经营平台,推动产业集聚和转型升级,优化国有企业国有资本布局结构,提升自主创新能力,增强国有企业联合参与国际市场竞争的能力。

3．"重组整合一批",即推进国有企业强强联合、国有企业间专业化整合、国有企业内部资源整合和并购重组,鼓励国有企业围绕发展战略,以获取关键技术、核心资源、知名品牌、市场渠道等为重点,积极开展并购重组,提高产业集中度,推动质量品牌提升。

4．"清理退出一批",即通过大力化解过剩产能、加大清理处置长期亏损企业和低效无效资产力度、下大力气退出一批不具有发展优势的非主营业务、加快剥离企业办社会职能和解决历史遗留问题等措施,解决好国有企业的退出问题。

15. 混合所有制

混合所有制在我国并不是一个新概念,但在多年混合所有制实践的基础上,2013年11月,党的十八届三中全会通过的《中共中央关于全面深化改革若干重大问题的决定》明确提出,要"积极发展混合所有制经济"。

2015年9月,中共中央 国务院印发了《关于深化国有企业改革的指导意见》进一步强调,发展混合所有制经济的目标是"促进国有企业转换经营机制,放大国有资本功能,提高国有资本配置和运行效率,实现各种所有制资本取长补短、相互促进、共同发展"。

2015年9月,国务院印发了《国有企业发展混合所有制经济的意见》,对于国有企业混合所有制改革提供了具体的指导,并明确指出:"发展混合所有制经济,是深化国有企业改革的重要举措。"

2016年12月召开的中央经济工作会议强调:"混合所有制改革是国企改革的重要突破口,按照完善治理、强化激励、突出主业、提高效率的要求,在电力、石油、天然气、铁路、民航、电信、军工等领域迈出实质性步伐。"

□ 简明要义

国有资本、集体资本、非公有资本等交叉持股、相互融合的混合所有制经济，是基本经济制度的重要实现形式。发展混合所有制具有如下重要意义：

1. 有利于进一步巩固和完善社会主义初级阶段的基本经济制度。社会主义初级阶段的基本经济制度是公有制为主体，多种所有制经济共同发展。基本经济制度要求充分发挥多种所有制的优势，提升经济整体的活力和创造力，推动生产力的发展。发展混合所有制有效地促进了多种所有制经济更好更快发展，使基本经济制度日趋完善。

2. 有利于放大国有资本功能，提高国有资本配置和运行效率。通过发展混合所有制经济，国有资本可以带动多种所有制成分共同发展，增强国有资本或公有资本对其他资本的辐射功能，提升国有资本的活力、影响力、竞争力和抗风险能力。

3. 有利于实现各种所有制资本取长补短、相互促进、共同发展。通过发展国有资本、集体资本、非公有资本等交叉持股、相互融合的混合所有制经济，既能够发挥国有资本的规模优势、技术优势和管理优势，又可以发挥非国有资本的活力和创造力，多种所有制经济相得益彰、相互促进，共同推动我国经济的不断发展。

□ 实践指导

1. 坚持从实际出发，根据不同情况分类施策。对通过实行股份制、上市等途径已经实行混合所有制的国有企业,要着力在完善现代企业制度、提高资本运行效率上下功夫;对于适宜继续推进混合所有制改革的国有企业,要充分发挥市场机制作用,坚持因地施策、因业施策、因企施策,宜独则独、宜控则控、宜参则参,不搞拉郎配,不搞全覆盖,不设时间表,成熟一个推进一个。

2. 支持引入非国有资本参与国有企业改革。鼓励非国有资本投资主体通过出资入股、收购股权、认购可转债、股权置换等多种方式,参与国有企业改制重组或国有控股上市公司增资扩股以及企业经营管理。实行同股同权,切实维护各类股东合法权益。在石油、天然气、电力、铁路、电信、资源开发、公用事业等领域,向非国有资本推出符合产业政策、有利于转型升级的项目。

3. 鼓励国有资本以多种方式入股非国有企业。充分发挥国有资本投资、运营公司的资本运作平台作用,通过市场化方式,以公共服务、高新技术、生态环保、战略性产业为重点领域,对发展潜力大、成长性强的非国有企业进行股权投资。鼓励国有企业通过投资入股、联合投资、重组等多种方式,与非国有企业进行股权融合、战略合作、资源整合。

4. 积极探索实行混合所有制企业员工持股。坚持试点先行,在取得经验基础上稳妥有序推进,通过实行员工持股建立激励约束长效机制。优先支持人才资本和技术要素贡献占比较高的转制科研院所、高新技术企业、科技服务型企业开展员工持股试点,支持对企业经营业绩和持续发展有直接或较大影响的科研人员、经营管理人员和业务骨干等持股。

16. 做强做优做大国有资本

 重要背景

2017年10月,党的十九大报告强调,"要完善各类国有资产管理体制,改革国有资本授权经营体制,加快国有经济布局优化、结构调整、战略性重组,促进国有资产保值增值,推动国有资本做强做优做大,有效防止国有资产流失。"

2018年12月召开的中央经济工作会议强调,要"加快经济体制改革"。"加快国资国企改革,坚持政企分开、政资分开和公平竞争原则,做强做优做大国有资本,加快实现从管企业向管资本转变,改组成立一批国有资本投资公司,组建一批国有资本运营公司,积极推进混合所有制改革,加快推动中国铁路总公司股份制改造"。

□ 简明要义

改革开放以来,我国国有资产管理体制改革稳步推进,国有资产出资人代表制度基本建立,保值增值责任初步得到落实,国有资产规模、利润水平、竞争能力得到较大提升。但必须看到,现行国有资产管理体制中政企不分、政资不分问题依然存在,国有资产监管还存在越位、缺位、错位现象;国有资产监督机制不健全,国有资产流失、违纪违法问题在一些领域和企业比较突出;国有经济布局结构有待进一步优化,国有资本配置效率不高等问题亟待解决。

为全面贯彻党的十九大和十九届二中、三中全会精神,以习近平新时代中国特色社会主义思想为指导,坚持社会主义市场经济改革方向,坚定不移加强党对国有企业的领导,着力创新体制机制,完善国有资产管理体制,深化国有企业改革,促进国有资产保值增值,推动国有资本做强做优做大,有效防止国有资产流失,切实发挥国有企业在深化供给侧结构性改革和推动经济高质量发展中的带动作用。通过改组组建国有资本投资、运营公司,构建国有资本投资、运营主体,改革国有资本授权经营体制,完善国有资产管理体制,实现国有资本所有权与企业经营权分离,实行国有资本市场化运作。发挥国有资本投资、运营公司平台作用,促进国有资本合理流动,优化国有资本投向,向重点行业、关键领域和优势企业集中,推动国有经济布局优化和结构调整,提高国有资本配置和运营效率,更好服务国家战略需要。

□ 实践指导

1. 坚定不移深化国有企业改革,着力创新体制机制,加快建立现代企业制度,发挥国有企业各类人才积极性、主动性、创造性,激发各类要素活力。

2.按照创新、协调、绿色、开放、共享发展理念的要求,推进结构调整、创新发展、布局优化,使国有企业在供给侧结构性改革中发挥带动作用。

3.加强监管,坚决防止国有资产流失。

4.坚持党要管党、从严治党,加强和改进党对国有企业的领导,充分发挥国有企业党组织的政治核心作用。

17. 完善国有金融资本管理

 **重要背景**

2015 年 10 月,党的十八届五中全会通过的《中共中央关于制定国民经济和社会发展第十三个五年规划的建议》提出,完善国有金融资本和外汇储备管理制度,建立安全高效的金融基础设施,有效运用和发展金融风险管理工具。防止发生系统性区域性金融风险。

2017 年 7 月,习近平总书记在全国金融工作会议上的讲话指出,"要优化金融机构体系,完善国有金融资本管理。"

2018 年 6 月,中共中央、国务院印发《关于完善国有金融资本管理的指导意见》,对完善国有金融资本管理作出顶层设计和重大部署。

□ 简明要义

建立健全国有金融资本管理的"四梁八柱",优化国有金融资本战略布局,理顺国有金融资本管理体制,增强国有金融机构活力与控制力,促进国有金融资本保值增值,更好地实现服务实体经济、防控金融风险、深化金融改革三大基本任务。重点做到:法律法规更加健全;资本布局更加合理;资本管理更加完善;党的建设更加强化。

国有金融资本是推进国家现代化、维护国家金融安全的重要保障,是我们党和国家事业发展的重要物质基础和政治基础。完善国有金融资本管理是党中央、国务院对国有金融资本管理作出的顶层设计和重大部署,具有划时代的重要意义。完善国有金融资本管理,是贯彻落实党的十九大和全国金融工作会议精神的重大举措;是推动提升金融治理体系和治理能力现代化的迫切需要;是坚持党的领导和加强党的建设的重要保障;是继续发挥国有金融资本的重要作用,依法依规管住管好用好、坚定不移做强做优做大国有金融资本,不断增强国有经济的活力、控制力、影响力和抗风险能力的必然要求。

□ 实践指导

1. 完善国有金融资本管理体制。优化国有金融资本配置格局;明确国有金融资本出资人职责;加强国有金融资本统一管理;明晰国有金融机构的权利与责任;以管资本为主加强资产管理;防范国有金融资本流失。

2. 优化国有金融资本管理制度。健全国有金融资本基础管理制度;落实国有金融资本经营预算管理制度;严格国有金融资本经营绩效考核制度;健全国有金融机构薪酬管理制度;加强金融机构和金融管理部门财政财务监管。

3. 促进国有金融机构持续健康经营。深化公司制股份制改革;健全公司法人治理结构;建立国有金融机构领导人员分类分层管理制度;推动国有金融机构回归本源、专注主业;督促国有金融机构防范风险。

4.加强党对国有金融机构的领导。充分发挥党委(党组)的领导作用;进一步加强领导班子和人才队伍建设;切实落实全面从严治党"两个责任"。

5.协同推进强化落实。加强法治建设;加强协调配合;严格责任追究;加强信息披露。

18. 农村集体产权制度改革

 重要背景

2014 年 7 月,国务院印发的《关于进一步推进户籍制度改革的意见》提出,推进农村集体经济组织产权制度改革,探索集体经济组织成员资格认定办法和集体经济有效实现形式,保护成员的集体财产权和收益分配权。

2015 年 1 月,中共中央、国务院印发的《关于加大改革创新力度加快农业现代化建设的若干意见》提出,推进农村集体产权制度改革。

2015 年 10 月,党的十八届五中全会通过的《中共中央关于制定国民经济和社会发展第十三个五年规划的建议》提出,完善农村集体产权权能。

2016 年 12 月,中共中央、国务院印发《关于稳步推进农村集体产权制度改革的意见》,对农村集体产权制度改革的目标方向、重点任务、推进原则、实施要求、保护农民财产权利和民主权利、改革的重要目标、保障措施等问题,进行了明确规定。

习近平总书记在党的十九大报告中提出:"深化农村集体产权制

度改革,保障农民财产权益,壮大集体经济。"

□ 简明要义

以明晰农村集体产权归属、维护农村集体经济组织成员权利为目的,以推进集体经营性资产改革为重点任务,以发展股份合作等多种形式的合作与联合为导向,坚持农村土地集体所有,坚持家庭承包经营基础性地位,探索集体经济新的实现形式和运行机制,不断解放和发展农村社会生产力,促进农业发展、农民富裕、农村繁荣,为推进城乡协调发展、巩固党在农村的执政基础提供重要支撑和保障。

农村集体产权制度改革是巩固社会主义公有制、完善农村基本经营制度的必然要求,是涉及农村基本经营制度和我国基本经济制度的一件大事,是维护农民合法权益、增加农民财产性收入的重大举措,是全面深化农村改革的重大任务。农村集体产权制度改革有利于调动农民发展现代农业和建设社会主义新农村的积极性。对于坚持中国特色社会主义道路,完善农村基本经营制度,增强集体经济发展活力,引领农民逐步实现共同富裕具有深远历史意义。

□ 实践指导

1. 全面加强农村集体资产管理。开展集体资产清产核资,明确集体资产所有权,强化农村集体资产财务管理。

2. 由点及面开展集体经营性资产产权制度改革。有序推进经营性资产股份合作制改革,确认农村集体经济组织成员身份,保障农民集体资产股份权利。

3.因地制宜探索农村集体经济有效实现形式,发挥农村集体经济组织功能作用,维护农村集体经济组织合法权利,多种形式发展集体经济,引导农村产权规范流转和交易。

4.切实加强党对农村集体产权制度改革的领导,强化组织领导,精心组织实施,加大政策支持力度,加强法治建设。

19. 民营经济

 重要背景

　　2018 年 11 月,中央召开民营企业座谈会,习近平总书记强调,"在我国经济发展进程中,我们要不断为民营经济营造更好发展环境,帮助民营经济解决发展中的困难,支持民营企业改革发展,变压力为动力,让民营经济创新源泉充分涌流,让民营经济创造活力充分迸发。"

　　2018 年 12 月召开的中央经济工作会议指出,"要支持民营企业发展,营造法治化制度环境,保护民营企业家人身安全和财产安全","要深化财税金融、国资国企等重点领域改革,坚决破除民营企业发展障碍,增强发展内生动力"。

□ 简明要义

　　民营经济属于非公有制经济范畴,它们是党的十一届三中全会以来,我们党破除所有制问题上的传统观念束缚,在党的方针政策指引下发展起来的。截至 2017 年底,我国民营企业数量超过 2700 万家,个体工商户超过 6500 万户,注册资本超过 165 万亿元。

经过改革开放 40 年的发展,民营经济已经成为推动我国经济发展不可或缺的力量,成为创业就业的主要领域、技术创新的重要主体、国家税收的重要来源,为我国社会主义市场经济发展、政府职能转变、农村富余劳动力转移、国际市场开拓等发挥了重要作用。坚持"两个毫不动摇",大力支持民营企业发展壮大,对全面建成小康社会进而全面建设社会主义现代化意义重大。

□ 实践指导

由于国际经济环境的变化,与此同时,我国经济也由高速增长阶段转向高质量发展阶段,再加上政策落实不到位和企业自身原因,当前一些民营企业在发展中遇到不少困难和问题,比如有的民营企业家形容的"三座大山":市场的冰山、融资的高山、转型的火山。为此,未来要抓好六个方面的工作。

1. 减轻企业税费负担。加大减税力度;对小微企业、科技型初创企业实施普惠性税收免除;根据实际情况,降低社保缴费名义费率,确保企业社保缴费实际负担有实质性下降;进一步清理、精简涉及民间投资管理的行政审批事项和涉企收费,规范中间环节、中介组织行为。

2. 解决民营企业融资难融资贵问题。改革和完善金融机构监管考核和内部激励机制,解决不敢贷、不愿贷的问题;扩大金融市场准入,拓宽民营企业融资途径,发挥民营银行、小额贷款公司、风险投资、股权和债券等融资渠道作用;对地方政府加以引导,对符合经济结构优化升级方向、有前景的民营企业进行必要财务救助;对有股权质押平仓风险的民营企业,有关方面和地方要抓紧研究采取特殊措施,帮助企业渡过难关。

3.营造公平竞争环境。在市场准入、审批许可、经营运行、招投标、军民融合等方面,为民营企业打造公平竞争环境,鼓励民营企业参与国有企业改革。

4.完善政策执行方式。去产能、去杠杆要对各类所有制企业执行同样标准;在安监、环保等领域微观执法过程中避免简单化,执行政策不能搞"一刀切";推动落实产权保护、弘扬企业家精神、市场公平竞争审查等利好民营企业的改革方案。

5.构建亲清新型政商关系。领导干部同民营企业家打交道要守住底线、把好分寸;各相关部门和地方的主要负责同志要经常听取民营企业反映和诉求,帮助解决实际困难;把对支持和引导国有企业、民营企业特别是中小企业克服困难、创新发展方面的工作情况,纳入干部考核考察范围;鼓励人民团体、工商联等组织深入民营企业了解情况,积极反映企业生产经营遇到的困难和问题。

6.保护企业家人身和财产安全。大力弘扬企业家精神;营造法治化制度环境,保障民营企业家合法的人身和财产权益,保障企业合法经营;对一些民营企业历史上曾经有过的一些不规范行为,按照罪刑法定、疑罪从无的原则处理。

20. 民营经济的重要地位作用

 重要背景

党的十五大把"公有制为主体、多种所有制经济共同发展"确立为我国的基本经济制度,明确提出"非公有制经济是我国社会主义市场经济的重要组成部分"。

党的十六大提出"毫不动摇地巩固和发展公有制经济","毫不动摇地鼓励、支持和引导非公有制经济发展"。

党的十八大进一步提出"毫不动摇鼓励、支持、引导非公有制经济发展,保证各种所有制经济依法平等使用生产要素、公平参与市场竞争、同等受到法律保护"。

党的十八大以来,习近平总书记多次重申坚持基本经济制度,坚持"两个毫不动摇"。党的十八届五中全会强调要"鼓励民营企业依法进入更多领域,引入非国有资本参与国有企业改革,更好激发非公有制经济活力和创造力"。

党的十九大把"两个毫不动摇"写入新时代坚持和发展中国特色社会主义的基本方略,作为党和国家一项大政方针进一步确定下来。

2018 年 11 月,习近平总书记在民营企业座谈会上的讲话再次强调,"改革开放 40 年来,民营企业蓬勃发展,民营经济从小到大、由弱变强,在稳定增长、促进创新、增加就业、改善民生等方面发挥了重要作用,成为推动经济社会发展的重要力量。"

☐ 简明要义

改革开放以来,民营经济已经成为推动我国发展不可或缺的力量,成为创业就业的主要领域、技术创新的重要主体、国家税收的重要来源,为我国社会主义市场经济发展、政府职能转变、农村富余劳动力转移、国际市场开拓等发挥了重要作用。长期以来,广大民营企业家以敢为人先的创新意识、锲而不舍的奋斗精神,组织带领千百万劳动者奋发努力、艰苦创业、不断创新。我国经济发展能够创造中国奇迹,民营经济功不可没。

党的十八大以来,习近平总书记反复强调民营经济的重要地位和重要作用。从强调"两个毫不动摇",到重申"三个没有变",再到 2018 年 10 月 20 日回信勉励广大民营企业家"心无旁骛创新创造,踏踏实实办好企业",总书记一再表达党中央坚定不移支持民营经济发展的决心,为民营企业家送上了"定心丸",为民营经济发展注入了"强心剂"。

习近平总书记在民营企业座谈会上的讲话再次强调,"非公有制经济在我国经济社会发展中的地位和作用没有变,我们毫不动摇鼓励、支持、引导非公有制经济发展的方针政策没有变,我们致力于为非公有制经济发展营造良好环境和提供更多机会的方针政策没有变。"是对一段时间以来社会出现的诸如"民营经济离场论"、"新公私合营论"等错误言论的坚决驳斥。

□ 实践指导

1. 充分认识到我国民营经济的重要地位和作用。基本经济制度是必须长期坚持的制度。民营经济是我国经济制度的内在要素，是社会主义市场经济发展的重要成果，是推动社会主义市场经济发展的重要力量，是推进供给侧结构性改革、推动高质量发展、建设现代化经济体系的重要主体，也是我们党团结带领全国人民实现"两个一百年"奋斗目标和中华民族伟大复兴中国梦的重要力量。在全面建成小康社会、进而全面建设社会主义现代化国家的新征程中，我国民营经济不仅不能"离场"，而且要走向更加广阔的舞台。非公有制经济在我国经济社会发展中的地位和作用没有变；我们毫不动摇鼓励、支持、引导非公有制经济发展的方针政策没有变；我们致力于为非公有制经济发展营造良好环境和提供更多机会的方针政策没有变。

2. 正确认识当前民营经济发展遇到的困难和问题。一是国际经济环境变化的结果；二是我国经济由高速增长阶段转向高质量发展阶段的结果；三是政策落实不到位的结果。

3. 大力支持民营企业发展壮大。要抓好六个方面政策举措落实。即，第一，减轻企业税费负担。第二，解决民营企业融资难融资贵问题。第三，营造公平竞争环境。第四，完善政策执行方式。第五，构建亲清新型政商关系。第六，保护企业家人身和财产安全。

21. 激发和保护企业家精神

 重要背景

2014 年 11 月,习近平主席在亚太经合组织工商领导人峰会上提出,"我们全面深化改革就是要激发市场蕴藏的活力。市场活力来自于人,特别是来自于企业家,来自于企业家精神。"

2016 年 3 月,习近平总书记在全国政协十二届四次会议民建工商联委员联组会上提出,"广大非公有制经济人士要准确把握我国经济发展大势,提升自身综合素质,完善企业经营管理制度,激发企业家精神,发挥企业家才能,增强企业内在活力和创造力,推动企业不断取得更新更好发展。"

2016 年 12 月,习近平总书记在中央经济工作会议上指出,要"保护企业家精神,支持企业家专心创新创业"。

2017 年 9 月,中共中央、国务院印发《关于营造企业家健康成长环境弘扬优秀企业家精神更好发挥企业家作用的意见》,这是中央首次以专门文件明确企业家精神的地位和价值。

习近平总书记在党的十九大报告中指出:"激发和保护企业家精神,鼓励更多社会主体投身创新创业。"

□ 简明要义

中共中央国务院印发的《关于营造企业家健康成长环境弘扬优秀企业家精神更好发挥企业家作用的意见》，用 36 个字对弘扬优秀企业家精神提出要求，即弘扬企业家爱国敬业遵纪守法艰苦奋斗的精神、创新发展专注品质追求卓越的精神、履行责任敢于担当服务社会的精神。

激发和保护企业家精神，对于增强市场活力、实施创新驱动发展战略、推动经济结构转型升级、促进经济社会持续健康发展都具有重要意义。激发和保护企业家精神，为加快建设创新型国家、不断增强我国经济创造力和竞争力指明了活力来源和动力方向。

□ 实践指导

1. 营造依法保护企业家合法权益的法治环境。依法保护企业家财产权、创新权益和自主经营权。

2. 营造促进企业家公平竞争诚信经营的市场环境。强化企业家公平竞争权益保障、健全企业家诚信经营激励约束机制和持续提高监管的公平性规范性简约性。

3. 营造尊重和激励企业家干事创业的社会氛围。树立对企业家的正向激励导向和营造积极向上的舆论氛围。

4. 弘扬企业家爱国敬业遵纪守法艰苦奋斗的精神。引导企业家树立崇高理想信念、强化企业家自觉遵纪守法意识和鼓励企业家保持艰苦奋斗精神风貌。

5.弘扬企业家创新发展专注品质追求卓越的精神。支持企业家创新发展、引导企业家弘扬工匠精神和支持企业家追求卓越。

6.弘扬企业家履行责任敢于担当服务社会的精神。引导企业家主动履行社会责任、鼓励企业家干事担当和引导企业家积极投身国家重大战略。

7.加强对企业家优质高效务实服务。以市场主体需求为导向深化"放管服"改革、健全企业家参与涉企政策制定机制、完善涉企政策和信息公开机制和加大对企业家的帮扶力度。

8.加强优秀企业家培育。加强企业家队伍建设规划引领、发挥优秀企业家示范带动作用和加强企业家教育培训。

9.加强党对企业家队伍建设的领导。强化对党员企业家日常教育管理基础性工作,加强党性教育、宗旨教育、警示教育,教育党员企业家牢固树立政治意识、大局意识、核心意识、看齐意识,严明政治纪律和政治规矩,坚定理想信念,坚决执行党的基本路线和各项方针政策,把爱党、忧党、兴党、护党落实到经营管理各项工作中,率先垂范,用实际行动彰显党员先锋模范作用。

22. 承包地"三权"分置制度

 重要背景

2013年7月,习近平总书记在调研武汉农村综合产权交易所时提出:"深化农村改革,完善农村基本经营制度,要好好研究农村土地所有权、承包权、经营权三者之间的关系。"

2015年10月,党的十八届五中全会明确提出:"稳定农村土地承包关系,完善土地所有权、承包权、经营权分置办法,依法推进土地经营权有序流转,构建培育新型农业经营主体的政策体系。"

2016年10月,为进一步健全农村土地产权制度,推动新型工业化、信息化、城镇化、农业现代化同步发展,中共中央办公厅、国务院办公厅印发《关于完善农村土地所有权承包权经营权分置办法的意见》指出,实行所有权、承包权、经营权分置并行,着力推进农业现代化,是继家庭联产承包责任制后农村改革又一重大制度创新。要求各地区各部门结合实际认真贯彻落实。

□ 简明要义

承包地"三权"分置制度,是指在原有集体土地所有权和农民家庭承包经营权两权分离的基础上,将农民家庭承包经营权分解为承包权和经营权,从而实行所有权、承包权、经营权"三权"分置并行。农村土地"三权"的内涵和权能如下:

1.土地集体所有权人对集体土地依法享有占有、使用、收益和处分的权利。在完善"三权"分置办法过程中,要充分维护农民集体对承包地发包、调整、监督、收回等各项权能,发挥土地集体所有的优势和作用。

2.土地承包权人对承包土地依法享有占有、使用和收益的权利。在完善"三权"分置办法过程中,要充分维护承包农户使用、流转、抵押、退出承包地等各项权能。承包农户有权占有、使用承包地,依法依规建设必要的农业生产、附属、配套设施,自主组织生产经营和处置产品并获得收益等。

3.土地经营权人对流转土地依法享有在一定期限内占有、耕作并取得相应收益的权利。经营主体再流转土地经营权或依法依规设定抵押,须经承包农户或其委托代理人书面同意,并向农民集体书面备案。

其中,农村土地集体所有权是土地承包权的前提,农户享有承包经营权是集体所有的具体实现形式,在土地流转中,农户承包经营权派生出土地经营权。

承包地"三权"分置制度,顺应了广大农民特别是大量进城务工农民保留土地承包权、流转土地经营权的意愿和继续务农的家庭以及下乡的资本实现农地适度规模经营的要求,从而有利于加快农业现代化和新型城镇化步伐。

□ 实践指导

1.扎实做好农村土地确权登记颁证工作。确认"三权"权利主体,明确权利归属,稳定土地承包关系,才能确保"三权"分置得以确立和稳步实施。要坚持和完善土地用途管制制度,在集体土地所有权确权登记颁证工作基本完成的基础上,进一步完善相关政策,及时提供确权登记成果,切实保护好农民的集体土地权益。

2.建立健全土地流转规范管理制度。规范土地经营权流转交易,因地制宜加强农村产权交易市场建设,逐步实现涉农县(市、区、旗)全覆盖。健全市场运行规范,提高服务水平,为流转双方提供信息发布、产权交易、法律咨询、权益评估、抵押融资等服务。加强流转合同管理,引导流转双方使用合同示范文本。

3.构建新型经营主体政策扶持体系。完善新型经营主体财政、信贷保险、用地、项目扶持等政策。积极创建示范家庭农场、农民专业合作社示范社、农业产业化示范基地、农业示范服务组织,加快培育新型经营主体。引导新型经营主体与承包农户建立紧密利益联结机制,带动普通农户分享农业规模经营收益。

4.完善"三权"分置法律法规。积极开展土地承包权有偿退出、土地经营权抵押贷款、土地经营权入股农业产业化经营等试点,总结形成可推广、可复制的做法和经验,在此基础上完善法律制度。

23. 人力资本服务

2016 年 5 月,习近平总书记主持召开中央财经领导小组第十三次会议强调:"必须强化人力资本,加大人力资本投入力度,着力把教育质量搞上去,建设现代职业教育体系。"

2016 年 12 月,在中央财经领导小组第十四次会议上,习近平总书记指出,统筹推进"十三五"规划纲要提出的重大工程项目落实,是供给侧结构性改革中"补短板"的重要内容,"加大人力资本投入力度"就是"补短板"的一个重要方面。

2017 年 10 月,党的十九大报告提出"人力资本服务",并作为促进经济发展的新增长点。

□ 简明要义

人力资本表现为蕴含于人身上的各种知识、劳动与管理技能以及健康素质的总和,教育和健康投资是两种主要的人力资本形成方式。人力资本服务就是提升人力资本的各种方式及配套措施,就目前来说,加大对教育和健康的投资是提升人力资本服务水平的两大途径。

1. 提升人力资本服务水平是促进经济增长的重要方式。一是通过教育、健康投资提升人力资本,可以提高劳动力质量,促进经济增长。相对于物质资本投资,人力资本投资带来的经济效益要大得多。二是保证物质资本高效运作,间接作用于经济增长。高技术含量的物质资本只有与高技能的劳动力相匹配,才能充分发挥经济效益。三是人力资本的积累和人才素质的提高,可以大大加快新技术研发及应用的速度,进而促进生产力发展和劳动生产率提高。

2. 提升人力资本红利是重构国家竞争优势的重要保证。随着中国进入后工业化阶段,经济重心将实现从制造业到服务业,从一般制造业到高科技先进制造业的转换,整个社会对从事单纯物质产品生产的劳动者的需求量相对减少,而对人力资本、研发（R&D）、技术进步等知识资本的要求大大增强。用知识资本来抵消自然资源的消耗,以及经济增速的下滑,并提高国民财富和经济增长质量是不可逆转的大趋势。

3. 提升人力资本红利是促进产业优化升级的重要途径。改革开放初期,我国劳动力数量多且成本低,带来了巨大的人口红利,成为促进我国经济持续高速增长的一个重要因素。现在,我国人口老龄化趋势日益凸显,农业富余劳动力减少,要素规模驱动力减弱,经济增长将更多依靠创新驱动。这就需要加强教育和健康等方面的人力资本投资,形成人才红利,助推我国产业迈向以知识和科技为基础的发展阶段。

□ 实践指导

1. 在总体布局上,必须树立人才资源是第一资源的观念,把人力资源建设作为经济社会发展的根本动力。在要素投入上,注重通过人力资源的充分开发利用来促进经济增长;在目标导向上,把经济持续健康发展的过程变成促进就业持续扩大的过程,把经济结构调整的过程变成对就业拉动能力不断提高的过程。

2. 通过教育深化提高劳动生产率,保持和延伸我国产业的国际竞争优势。在新能源、节能环保、新材料、新医药、信息产业等经济社会发展的重点领域,人才缺口很大,应加大对这些重点领域的人才培养力度。

3. 构建良好的人力资本投资机制。在市场经济条件下,根据"投资主体与收益主体的一致性和排他性规则",构建人力资本投资与回报的合理机制。

4. 通过劳动力市场制度安排,扩大人口老龄化时期的劳动力资源和人力资本存量。

5. 倡导健康文明的生活方式,树立大卫生、大健康的观念,把以治病为中心转变为以人民健康为中心,建立健全健康教育体系,提升全民健康素养,推动全民健身和全民健康深度融合。

6. 坚定不移贯彻预防为主方针,坚持防治结合、联防联控、群防群控,努力为人民群众提供全生命周期的卫生与健康服务。

7. 坚持基本医疗卫生事业的公益性,不断完善制度、扩展服务、提高质量,让广大人民群众享有公平持续的预防、治疗和康复等健康服务。

24. 财产性收入

重要背景

2007 年 10 月,党的十七大报告提出"创造条件让更多群众拥有财产性收入"。2013 年 11 月,党的十八届三中全会通过的《中共中央关于全面深化改革若干重大问题的决定》指出,要"多渠道增加居民财产性收入"。

□ 简明要义

增加居民财产性收入,主要指增加家庭拥有的动产(如银行存款、有价证券等)和不动产(如房屋、车辆、收藏品等)所获得收入,主要是增加居民通过交易、出租财产权或进行财产营运所获得的利息、股息、红利、租金、专利收入、财产增值收益、出让纯收益等。

增加人民财产性收入具有多方面的意义,符合广大群众增加个人收入的客观要求,有利于调动广大群众创造财富的积极性,促进社会生产力发展；有利于增加生产资料积累和扩大再生产，在现实的生产力水平和资本的有机构成情况下，更多吸纳劳动力，降低失业率；有利于促进社会财富的积累，让更多群众有机会通过合理配置自己的财产取得财产性收入，提高社会上中产阶级的比重，进而增强社会的稳定性；有利于抑制社会高消费和社会资源的浪费，实现科学发展。

□ 实践指导

1.让更多群众拥有可投入生产的财产。要逐步提高居民收入在国民收入分配中的比重，提高劳动报酬在初次分配中的比重，建立企业职工工资正常增长机制和支付保障机制。要创造条件，增加群众的收入，让更多群众而不是少数人拥有除满足生活必需之外的财产。

2.创造条件，让广大群众可投入生产的财产获得收入。

3.更加重视规范市场秩序和完善制度建设。充分发挥公有财产性收入对社会分配的调节作用，处理好效率与公平的关系，提高扶贫标准，扩大转移支付，让更广大的人民群众从公有财产性收入中获益。

4.依法加强对公民财产权的保护。宪法第三条、物权法第六十五条规定，从法律上确认了居民财产性收入依法获得保护，明确了国家依法征收或征用补偿原则，要切实予以实施。

5.重视增加农民财产性收入。依法保障农民对承包土地的占有、使用、收益等权利及宅基地使用权、集体收益分配权，完善土地承包经营权流转市场，完善征地制度，提高农民在土地增值收益中的分配比例，推动农民在金融产品和实业等投资领域获取更多财产性收入。

25. 获得感

2015年2月,习近平总书记在中央全面深化改革领导小组第十次会议上指出,要科学统筹各项改革任务,推出一批能叫得响、立得住、群众认可的硬招实招,把改革方案的含金量充分展示出来,让人民群众有更多的获得感。2016年2月,习近平总书记在中央全面深化改革领导小组第二十一次会议上进一步指出,把是否促进经济社会发展、是否给人民群众带来实实在在的获得感,作为改革成效的评价标准。

□ 简明要义

获得感指人民群众共享各项改革开放成果后产生的满足感。获得感强调一种实实在在的"得到",并使人民得到的利好有了进行指标衡量的可能。所以,获得感更加贴近民生、贴近民意。

增进人民群众的获得感体现了党的全心全意为人民服务的宗旨,

为评价改革开放和现代化建设成效提供了一项重要标准。

□ 实践指导

1.增强人民群众的获得感,要始终坚持以人民为中心的发展思想,坚持发展为了人民、发展依靠人民、发展成果由人民共享,让人民群众从国家发展中获得更多的实惠。

2.增强人民群众的获得感,要全面深化改革,为人民群众创造更多财富和价值。满足人民群众新期待、让人民群众分享改革红利是改革的重要动力,也是改革的主攻方向,更是衡量改革绩效的根本尺度。

3.增加人民群众的获得感,要注重加强以保障人民根本权益为出发点和落脚点的法治建设。获得感不仅仅体现在物质层面、民生领域,而且也体现在精神层面和政治、文化、社会生活各个方面。加强以保障人民根本权益为出发点和落脚点的法治建设,是增加人民群众的获得感的重要保障。

26. 共享经济

 重要背景

共享经济,也称分享经济。

2015年9月,在大连举办的夏季达沃斯论坛上,李克强总理指出:"目前全球分享经济呈快速发展态势,是拉动经济增长的新路子,通过分享、协作方式搞创业创新,门槛更低、成本更小、速度更快,这有利于拓展我国分享经济的新领域,让更多的人参与进来。"

2015年12月,习近平总书记在第二届世界互联网大会开幕式上强调:"世界经济复苏艰难曲折,中国经济也面临着一定下行压力。解决这些问题,关键在于坚持创新驱动发展,开拓发展新境界。中国正在实施'互联网+'行动计划,推进'数字中国'建设,发展分享经济,支持基于互联网的各类创新,提高发展质量和效益。"

2016年3月,在第十二届全国人民代表大会第五次会议上,分享经济正式出现在《政府工作报告》中。报告指出:"当前我国发展正处于这样一个关键时期,必须培育壮大新动能,加快发展新经济。要推动新技术、新产业、新业态加快成长,以体制机制创新促进分享经济发展,建设共享平台,做大高技术产业、现代服务业等新兴产业集群,打造动力强劲的新引擎。"

2017 年 3 月的《政府工作报告》继续强调,应"支持和引导分享经济发展,提高社会资源利用效率,便利人民群众生活"。

2017 年 7 月,国家发展改革委等印发了《关于促进分享经济发展的指导性意见》,就如何进一步营造公平规范市场环境,促进分享经济更好更快发展等进行了部署。

□ 简明要义

共享经济,是指依托互联网、物联网等信息技术手段,整合分散的商品或服务,实现闲置资源在供需双方之间的优化配置和合理流转,提高利用效率的新型经济形态。共享经济强调所有权与使用权的相对分离,倡导共享利用、集约发展、灵活创新的先进理念;强调供给侧与需求侧的弹性匹配,实现动态及时、精准高效的供需对接;强调消费使用与生产服务的深度整合,形成人人参与、人人享有的发展模式。近年来,共享经济在我国飞速发展,广泛存在于交通运输、房屋租赁、餐饮娱乐等众多行业和领域,极大地改善了经济发展状况和居民生活方式。

共享经济对于经济社会的重要作用主要体现在两个方面:

1. 共享经济有效减少供给和需求的信息不对称问题,提高资源利用效率和经济发展质量,改善社会福利。共享经济的参与者能够在网络平台上低成本地发布供求信息。供给者分享可以提供的物品和服务,需求者寻求所需的商品,共享经济很大程度上增加了市场上供给者或需求者可供选择的交易对象，提高了交易的数量和质量，促进资源优化配置，从而改善整个市场的福利状况。

2. 共享经济为我国经济增长带来新动力，并新增大量就业岗位。我国经济进入新常态以来，经济增速放缓，下行压力加大，投资回报率下降。共享经济的出现，对于推进供给侧结构性改革，深入实施创新驱动发展战略，促进大众创业万众创新，培育经济发展新动能和改造提升传统动能，具有重要意义。同时，共享经济为全社会新增了大量就业岗位，一时间滴滴司机、外卖派送员等新岗位不断涌现，增加了劳动者的就业选择。

□ 实践指导

1. 采取包容审慎的态度，构建适宜的监管机制。共享经济属于新兴经济模式，政府应当采取包容的态度，不宜采取过严的监管措施，否则不利于其成长和发展。政府应努力为共享经济营造开放、包容的市场环境，探索建立政府、平台企业、行业协会以及资源提供者和消费者共同参与的共享经济多方协同治理机制。建立容错机制和激励机制，引导支持共享经济的发展。

2. 加强对共享经济参与者的信息安全保障。共享经济的发展，必然产生大量的用户数据，包括身份信息、消费信息以及生活习惯信息等。这些信息如果发生泄露，将造成极为不利的影响。政府和共享平台都应当积极采取措施，保障共享经济参与者的信息安全。

3. 积极推进诚信体系建设。充分利用互联网信用数据，对现有征信体系进行补充完善，并向征信机构提供服务。积极引导平台企业利用大数据监测、用户双向评价、第三方认证、第三方信用评级等手段和机制,健全相关主体信用记录,强化对资源提供者的身份认证、信用评级和信用管理,提升源头治理能力。

27. 社会主义市场经济体制

 重要背景

党的十四大明确提出建立社会主义市场经济体制作为我国经济体制改革的目标,可以说,这是改革开放以来,我们党对社会主义市场经济理论认识的一个重大理论突破。

党的十五大、十六大、十七大、十八大对社会主义市场经济体制的认识不断深入,都突出强调了市场在资源配置中的"基础性作用"。到十八届三中全会中,着眼于全面深化体制改革,以习近平同志为核心的党中央以更大的政治勇气和智慧提出了"使市场在资源配置中发挥决定性作用",将市场在资源配置中的"基础性作用"修订为"决定性作用",实现了对社会主义市场经济规律认识的又一次升华和再一次的重大理论突破。

2013年11月15日,习近平总书记在就《关于全面深化改革若干重大问题的决定》向十八届三中全会作说明时强调,我们之所以应该在完善社会主义市场经济体制上迈出新的步伐,一个重要原因就是我们对市场规律的认识和驾驭能力不断提高,宏观调控体系更为健全,主客观条件具备。

党的十九大报告强调,要加快完善社会主义市场经济体制。经济体制改革必须以完善产权制度和要素市场化配置为重点,实现产权有效激励、要素自由流动、价格反应灵活、竞争公平有序、企业优胜劣汰。

□ 简明要义

社会主义市场经济体制是一种史无前例的体制,也是中外经济学经典中从来没有的一个概念。因此,从理论上说,这是我国一次真正的理论创新,也是马克思主义中国化的一个光辉典范。从实践上说,这是社会主义经济体制的一次真正变革,也是中国特色社会主义道路探索中的一个伟大创举。可见,社会主义市场经济体制是社会主义制度与市场经济体制的有机结合,是完善和发展中国特色社会主义制度的重要内容,也是推进社会主义现代化的必由之路。

1. 坚持社会主义市场经济改革方向,要发挥社会主义制度的优势,积极探索社会主义市场经济的特殊规律。社会主义市场经济不同于资本主义市场经济,其特点是受社会主义制度的本质特征决定的,特别是它同社会主义基本经济制度是紧密联系在一起的。社会主义市场经济中"社会主义"四个字是不能没有的,并非多余,而恰恰相反,这是画龙点睛。

2. 要用社会主义制度的优势和我们党领导的优势克服市场经济的负面作用。市场经济能够通过竞争促进经济发展,但市场不可能真正实现公平,只能是等价交换意义上机会均等的平等精神,这有利于促进效率,促进进步。但市场作用必然带来两极分化、贫富悬殊。因此,防止过于迷信市场，过于盲目崇拜市场经济。

3. 市场在资源配置中起决定性作用的同时还应更好发挥政府的作用。市场起决定性作用，是从总体上讲的，不能盲目绝对讲市场起决定性作用，而是既要使市场在配置资源中起决定性作用，又要更好发挥政府作用。这充分表明，政府和市场的关系是辩证统一的，是一个系统的、协同的有机整体，而绝不能割裂两者关系，断章取义地理解和推进改革。

□ 实践指导

1. 创新政府配置资源方式，是完善和发展社会主义市场经济体制的客观需要和重要路径。大幅度减少政府对资源的直接配置，放宽相关领域市场准入，促进要素合理流动、资源高效配置、市场深度融合，最大程度推动资源配置依靠市场规则、市场价格、市场竞争实现效益最大化和效率最优化。

2. 正确处理发挥市场机制作用与加强宏观调控的关系。当前，我国加强和改善宏观调控不是权宜之计而是治本之策，推行的宏观调控政策，要完全符合社会主义市场经济发展的要求。

3. 积极推行各种产权制度改革。产权制度改革是对产权关系和产权运行规则进行的变革。通过推行以归属清晰、权责明确等为目标的产权制度改革，产权主体之间的交易更加便利，大大节约交易成本。

28. 现代化经济体系

 重要背景

2017 年 10 月,党的十九大报告提出"建设现代化经济体系",包含深化供给侧结构性改革、加快建设创新型国家、实施乡村振兴战略、实施区域协调发展战略、加快完善社会主义市场经济体制、推动形成全面开放新格局六个部分。建设现代化经济体系是开启全面建设社会主义现代化国家新征程的重大任务,是紧扣我国社会主要矛盾转化推进经济建设的客观要求,是适应我国经济由高速增长阶段转向高质量发展阶段的必然要求。

2018 年 1 月 30 日,中共中央政治局就建设现代化经济体系进行第三次集体学习。习近平总书记在主持学习时强调,建设现代化经济体系是一篇大文章,既是一个重大理论命题,更是一个重大实践课题,需要从理论和实践的结合上进行深入探讨。建设现代化经济体系是我国发展的战略目标,也是转变经济发展方式、优化经济结构、转换经济增长动力的迫切要求。全党一定要深刻认识建设现代化经济体系的重要性和艰巨性,科学把握建设现代化经济体系的目标和重点,推动我国经济发展焕发新活力、迈上新台阶。

□ 简明要义

建设现代化经济体系,这是党中央从党和国家事业全局出发,着眼于实现"两个一百年"奋斗目标、顺应中国特色社会主义进入新时代的新要求作出的重大决策部署。国家强,经济体系必须强。只有形成现代化经济体系,才能更好顺应现代化发展潮流和赢得国际竞争主动,也才能为其他领域现代化提供有力支撑。我们要按照建设社会主义现代化强国的要求,加快建设现代化经济体系,确保社会主义现代化强国目标如期实现。

现代化经济体系,是由社会经济活动各个环节、各个层面、各个领域的相互关系和内在联系构成的一个有机整体。要建设创新引领、协同发展的产业体系,实现实体经济、科技创新、现代金融、人力资源协同发展,使科技创新在实体经济发展中的贡献份额不断提高,现代金融服务实体经济的能力不断增强,人力资源支撑实体经济发展的作用不断优化。要建设统一开放、竞争有序的市场体系,实现市场准入畅通、市场开放有序、市场竞争充分、市场秩序规范,加快形成企业自主经营公平竞争、消费者自由选择自主消费、商品和要素自由流动平等交换的现代市场体系。要建设体现效率、促进公平的收入分配体系,实现收入分配合理、社会公平正义、全体人民共同富裕,推进基本公共服务均等化,逐步缩小收入分配差距。要建设彰显优势、协调联动的城乡区域发展体系,实现区域良性互动、城乡融合发展、陆海统筹整体优化,培育和发挥区域比较优势,加强区域优势互补,塑造区域协调发展新格局。要建设资源节约、环境友好的绿色发展体系,实现绿色循环低碳发展、人与自然和谐共生,牢固树立和践行绿水青山就是金山银山理念,形成人与自然和谐发展现代化建设新格局。要建设多元平衡、安全高效的全面开放体系,发展更高层次开放型经济,推动开放朝着优化结构、拓展深度、提高效益方向转变。要建设充分发挥市场作用、更好发挥政府作用的经济体制,实现市场机制有效、微观主体有活力、宏观调控有度。以上几个体系是统一整体,要一体建设、一体推进。我们建设的现代化经济体系,要借鉴发达国家有益做法,更要符合中国国情、具有中国特色。

□ 实践指导

1. 大力发展实体经济,筑牢现代化经济体系的坚实基础。实体经济是一国经济的立身之本,是财富创造的根本源泉,是国家强盛的重要支柱。要深化供给侧结构性改革,加快发展先进制造业,推动互联网、大数据、人工智能同实体经济深度融合,推动资源要素向实体经济集聚、政策措施向实体经济倾斜、工作力量向实体经济加强,营造脚踏实地、勤劳创业、实业致富的发展环境和社会氛围。

2. 加快实施创新驱动发展战略,强化现代化经济体系的战略支撑,加强国家创新体系建设,强化战略科技力量,推动科技创新和经济社会发展深度融合,塑造更多依靠创新驱动、更多发挥先发优势的引领型发展。

3. 积极推动城乡区域协调发展,优化现代化经济体系的空间布局,实施好区域协调发展战略,推动京津冀协同发展和长江经济带发展,同时协调推进粤港澳大湾区发展。乡村振兴是一盘大棋,要把这盘大棋走好。

4. 着力发展开放型经济,提高现代化经济体系的国际竞争力,更好利用全球资源和市场,继续积极推进"一带一路"框架下的国际交流合作。

5. 深化经济体制改革,完善现代化经济体系的制度保障,加快完善社会主义市场经济体制,坚决破除各方面体制机制弊端,激发全社会创新创业活力。

29. 政府与市场关系

 重要背景

2013年11月,党的十八届三中全会通过的《中共中央关于全面深化改革若干重大问题的决定》指出:"经济体制改革是全面深化改革的重点,核心问题是处理好政府和市场的关系,使市场在资源配置中起决定性作用和更好发挥政府作用。"这是在中央文献中首次提出这一崭新观点。

2016年3月,习近平总书记在参加上海代表团审议时再次指出:"深化经济体制改革,核心是处理好政府和市场关系,使市场在资源配置中起决定性作用和更好发挥政府作用。这就要讲辩证法、两点论,'看不见的手'和'看得见的手'都要用好。"

2017年1月,习近平总书记在十八届中央政治局第三十八次集体学习时提出:"市场作用和政府作用是相辅相成、相互促进、互为补充的。要坚持使市场在资源配置中起决定性作用,完善市场机制,打破行业垄断、进入壁垒、地方保护,增强企业对市场需求变化的反应和调整能力,提高企业资源要素配置效率和竞争力。发挥政府作用,不是简单下达行政命令，要在尊重市场规律的基础上，用改革激发市场活力，用政策引导市场预期，用规划明确投资方向，用法治规范市场行为。"

□ 简明要义

正确认识和处理政府与市场的关系，一直是贯穿于我国改革开放进程中的重大课题，随着我们党对社会主义市场经济认识深化而不断完善。

1. 政府和市场关系的这种定位是以社会主义市场经济建设中市场调节与政府调控存在的问题为导向的，由问题"倒逼"改革，由"倒逼"走向主动，具有鲜明的时代特征。

2. 政府和市场关系的这种定位是以政府和市场的相关改革必须坚持社会主义市场经济改革方向为基本前提的，改革方向必须是社会主义的。

3. 政府与市场关系的这种定位表明政府和市场应各司其职，扬长避短，通过"优优"组合更好地发挥社会主义制度优越性。

4. 政府与市场关系的这种定位的最终目的是为了维护最广大人民群众的根本利益，实现共同富裕，而不是进一步加剧两极分化。

5. 市场与政府关系的这种定位表明政府和市场的关系是辩证统一的，是一个系统的、协同的有机整体，绝不能割裂两者关系。市场起决定性作用，是从总体上讲的，不能盲目绝对讲市场起决定性作用，而是既要使市场在资源配置中起决定性作用，又要更好地发挥政府作用。

□ 实践指导

1. 一般来说,市场起决定性作用的领域限于一般资源的短期配置,而不包括一般资源的长期配置和地下资源等特殊资源的配置;文化、教育等某些非物质资源配置,只是引进适合本领域的市场机制,而非市场决定;在财富和收入分配领域由市场和政府各自发挥应有的调节作用,国民收入初次分配中市场作用大些,再分配中政府作用大些。

2. 从微观层次的资源配置来看,凡是能由市场形成价格、能由市场调节的商品供求都要让市场来决定,形成健全的市场价格机制、供求机制。优胜劣汰的市场竞争机制,重在通过市场竞争决定哪些企业该出局、哪些企业能胜出,在企业破产和兼并重组的问题上坚持企业自主原则,允许跨区域的企业进行兼并重组,从市场主体、市场客体、市场运行机制等多方面完善市场在资源配置中的决定性作用,加快现代化经济体系的形成。

3. 从宏观层次的资源配置来看,不能完全依靠市场来调节,更不用说"决定"了,这时需要更好地发挥政府的作用。一般来说,更好发挥政府作用主要体现在六个方面:一是宏观经济调控。政府应从经济社会发展的全局及长远利益出发,在全社会范围内对经济运行进行自觉的有计划的调节。二是提供公共服务。政府应在教育、文化、医疗、卫生、就业、社会保障等关系国计民生和社会福利的行业发挥主导作用。三是市场监管。政府需要着力解决管理职能分割和监管力度不够的问题。四是政府定价。政府定价范围主要限定在重要公用事业、公益服务、网络型自然垄断环节。五是收入分配调节。政府通过宏观调控手段来矫正、约束、解决由市场调节收入分配带来的问题。六是环境保护。将环境保护、生态文明建设放在政府职能的突出位置上，并在实践中落实。

30. 使市场在资源配置中起决定性作用，更好发挥政府作用

 重要背景

2013 年 11 月，党的十八届三中全会通过的《中共中央关于全面深化改革若干重大问题的决定》将市场在资源配置中的"基础性作用"修改为"决定性作用"，首次提出"使市场在资源配置中起决定性作用和更好发挥政府作用"。

□ 简明要义

在加快完善社会主义市场经济体制中，正确处理市场与政府的关系，用好"看不见的手"和"看得见的手"，既要坚持社会主义市场经济改革方向，尊重市场决定资源配置这一市场经济的一般规律，大幅度减少政府对资源的直接配置，推动资源配置依据市场规则、市场价格、市场竞争实现效益最大化和效率最优化，又要在保证市场发挥决定性作

用的前提下,更好发挥政府作用,管好那些市场管不了或管不好的事情,进行科学的宏观调控和有效的政府治理。

处理好政府和市场的关系,是经济体制改革的核心问题。市场在资源配置中起决定性作用与更好发挥政府作用有机结合起来,是加快建立和完善社会主义市场经济体制的内在要求,是适应现代化经济体系的重要条件,是我们党对中国特色社会主义建设规律认识的深化。

市场在资源配置中起决定性作用与更好发挥政府作用有机结合起来,有利于在全党全社会树立关于政府和市场关系的正确观念,有利于转变经济发展方式,有利于转变政府职能,有利于抑制消极腐败现象,更好地体现社会主义市场经济体制的特色和优势。

□ 实践指导

1. 在切实发挥市场在资源配置中的决定性作用中,坚持社会主义市场经济改革方向,让企业和个人有更多活力和更大空间去发展经济、创造财富。

2. 在更好发挥政府作用中,着力提高宏观调控和科学管理水平,保持宏观经济稳定,加强和优化公共服务,保障公平竞争,加强市场监管,维护市场秩序,推动可持续发展,促进共同富裕,弥补市场失灵。

3. 要统筹把握、协同发力,划清政府和市场的边界,找准市场功能和政府行为的最佳结合点,形成市场作用和政府作用有机统一、相互补充、相互协调、相互促进的格局。

31. 四化同步

重要背景

2012年11月,党的十八大报告指出:"坚持走中国特色新型工业化、信息化、城镇化、农业现代化道路,推动信息化和工业化深度融合、工业化和城镇化良性互动、城镇化和农业现代化相互协调,促进工业化、信息化、城镇化、农业现代化同步发展。"这是基于对"四化"的重要性、关联度和存在问题的科学分析所作出的战略决策。

2012年12月,习近平总书记在广东考察工作时提出:"要加大统筹城乡发展、统筹区域发展力度,加大对欠发达地区和农村的扶持力度,促进工业化、信息化、城镇化、农业现代化同步发展,推动城乡发展一体化,逐步缩小城乡区域发展差距,促进城乡区域共同繁荣。"

2013年7月,习近平总书记在湖北考察工作时提出:"全面建成小康社会,难点在农村。我们既要有工业化、信息化、城镇化,也要有农业现代化和新农村建设,两个方面要同步发展。"

2013年12月,习近平总书记在中央农村工作会议上提出:"一定要看到,农业还是'四化同步'的短腿,农村还是全面建成小康社会的短板。中国要强,农业必须强;中国要美,农村必须美;中国要富,农民必须富。"

□ 简明要义

"四化同步"的本质是"四化"互动,是一个整体系统。就"四化"的关系来讲,工业化创造供给,城镇化创造需求,工业化、城镇化带动农业现代化,农业现代化为工业化、城镇化提供支撑和保障,而信息化推动其他"三化"快速前进。换言之,只有促进"四化"在互动中实现同步,在互动中实现协调,才能实现社会生产力的整体跨越式发展。

1. 信息化和工业化深度融合。这既是提高经济效率的必由之路,也是提高工业经济和企业核心竞争力的重要手段。信息化必将为工业化插上腾飞的翅膀,工业化无疑又是信息化的坚实基础。

2. 工业化和城镇化良性互动。这是现代经济社会发展的显著特征。工业化是城镇化的经济支撑,城镇化是工业化的空间依托,推动工业化与城镇化良性互动,既为工业化创造了条件,也是城镇化发展的内在规律。只有工业化和城镇化这两个"轮子"相互促进,协调发展,才能不断推动社会主义现代化进程。

3. 城镇化和农业现代化相互协调。这是我国农村发展的大势所趋。没有农业现代化,城镇化就会成为无源之水、无本之木;而没有城镇化,农业现代化也会失去依托目标,广大农民向何处去就会成为一个大问题。城镇化与农业现代化都是农村和农业发展的路径和手段,相互依托,相互促进。

4. 工业化、信息化、城镇化、农业现代化相互关联、不可分割,统一于社会主义现代化建设过程。"四化同步"既是我国社会主义现代化建设的战略任务,也是加快形成新的经济发展方式,促进我国经济持续健康发展的重要动力。

"四化同步"发展战略的提出,是中国共产党既立足于我国现阶段的基本国情,又着眼于经济社会发展的未来而作出的重大理论创新。实现"四化同步"发展,对于破解城乡二元结构、推动经济发展方式转变、实现国民经济持续健康发展,具有重要的现实意义。

□ 实践指导

1. 以破解城乡二元结构的体制障碍为突破口,推进农业现代化建设。推进"四化同步"发展,应把解决"三农"问题放在重中之重的位置,加快克服农业基础薄弱这一制约因素,加快解决农村发展滞后、城乡发展不协调这一突出问题,加快破除城乡二元结构这一深层次矛盾。

2. 实现以人为本的新型城镇化。新型城镇化的"新"体现在更加关注人的因素,更加注重人的生产、生活和交往空间。实现以人为本,当然要满足人的多样化合理需求,因而新型城镇化除了构建新型就业空间、新型人口居住空间和新型人口精神空间以外,还要和工业化、信息化、农业现代化同步。

3. 充分发挥地方政府作用。一是积极做好公共服务,办好民生大事,落实惠民政策;二是积极改善城乡公共基础设施和文化体育事业,改善城乡居民生产生活条件;三是积极革除体制机制弊端,用改革的办法化解制约发展的瓶颈;四是积极转变政府职能,强化规划引领,提高办事效率,为"四化同步"发展创造更多有利条件。

32. 全要素生产率

 重要背景

2015年的《政府工作报告》中提出"全要素生产率"，"要增加研发投入，提高全要素生产率，加强质量、标准和品牌建设"，实现在发展中升级、在升级中发展。

2016年1月，在省部级主要领导干部学习贯彻党的十八届五中全会精神专题研讨班开班式上的重要讲话中，习近平总书记强调，供给侧结构性改革，重点是解放和发展社会生产力，用改革的办法推进结构调整，减少无效和低端供给，扩大有效和中高端供给，增强供给结构对需求变化的适应性和灵活性，提高全要素生产率。

2016年3月，习近平总书记在参加湖南省代表团审议时强调，推进供给侧结构性改革是一场硬仗，要把握好"加法"和"减法"，增加要素投入，促进经济总量增加，减少无效和低端供给，扩大有效和中高端供给，提高全要素生产率。

党的十九大报告提出"必须坚持质量第一、效益优先，以供给侧结构性改革为主线，推动经济发展质量变革、效率变革、动力变革，提高全要素生产率"。

□ 简明要义

全要素生产率是分析经济增长源泉的重要工具,尤其是政府制定长期可持续增长政策的重要依据,它包括人力、物力、财力在内的资源开发利用效率。

1. 提高全要素生产率通常有两种途径:一是通过技术进步实现生产效率的提高,企业采用新技术、新工艺,开发新产品,进而提高全要素生产率。二是通过生产要素的重新组合实现配置效率的提高,主要表现为通过技术进步、体制优化、组织管理改善等无形要素推动经济增长。

2. 提高全要素生产率及其对经济增长的贡献是衡量能否实现创新发展的标准。当前我国准确认识、把握、适应和引领新常态,重中之重是寻求经济增长新动力,实现创新发展。一方面,增长新动力主要来自于全要素生产率,另一方面,全要素生产率又是衡量创新绩效的重要指标。科技创新和体制创新这两种创新驱动方式能否转化为新的增长动力,最终都要以能否提高全要素生产率及其对经济增长的贡献为衡量标准。

3. 转方式和调结构是提高全要素生产率的必由之路。随着农村劳动力转移速度明显放慢,未来全要素生产率的提高主要来自改革红利,而改革红利则直接体现在发展方式转变和结构调整的效果上。具体来说,旨在保持可持续中高速增长的经济体制改革,归根结底要通过延长人口红利以及寻找新的增长动力,提高全要素生产率。

4. 提高全要素生产率是供给侧结构性改革的着力点。当前唯有从供给侧出发,通过技术改进和制度变革着力提升全要素生产率,在阻碍创新成果产业化、创新要素有效配置的环节进行体制机制创新，着力提升自主创新水平，才能有效推动供给侧结构性改革。

□ 实践指导

1. 加快提高户籍人口城镇化率，设定时间表，用有针对性的指标规定路线图。通过清除一系列与户籍制度相关的体制障碍，可以进一步推动劳动力向非农产业的转移，稳定城镇化速度，提升资源重新配置效率。

2. 在推动全要素生产率提高的过程中，政府和市场这"两只手"要同时发挥作用。企业的微观经济活动是创新的中心，一方面，优化劳动力、资本、土地、技术、管理等要素的配置，激发创新创业活力；另一方面，更加注重运用市场机制和经济手段化解产能过剩，完善企业退出机制。政府的作用是在宏观层面创造良好的激励机制和政策环境，为市场有序运行培育良好的发展环境。

3. 全要素生产率应该以适当的形式成为引导创新发展的指标。新发展理念要转化为相应的发展实践，在具体的规划中应形成相对应的指标。这些指标作为一种宏观激励信号，有助于引导政府、社会、企业了解什么是全要素生产率，如何才能提高全要素生产率，各自在其中应该扮演什么样的角色。

33. 制造强国

 重要背景

2015年3月的《政府工作报告》提出实施"中国制造2025",要"坚持创新驱动、智能转型、强化基础、绿色发展,加快从制造大国转向制造强国"。

2015年5月,国务院印发了《中国制造2025》战略规划,提出了通过"三步走"实现制造强国的战略目标,成为我国实施制造强国战略第一个十年的行动纲领。

2015年6月,为推进实施制造强国战略,加强对有关工作的统筹规划和政策协调,国务院决定成立国家制造强国建设领导小组,统筹协调国家制造强国建设全局性工作。

□ 简明要义

随着我国经济发展进入新常态,资源和环境约束不断强化,劳动力等生产要素成本不断上升,投资和出口增速明显放缓,主要依靠资源要素投入、规模扩张的粗放型经济增长模式难以为继，调整结构、转型升级、提质增效刻不容缓。制造业是国民经济的主体，是立国之本、兴国之器、强国之基。培育经济增长新动力，塑造国际竞争新优势，重点在制造业，难点在制造业，出路也在制造业。

1. 打造具有国际竞争力的制造业，是我国提升综合国力、保障国家安全、建设世界强国的必由之路。当前，新一轮科技革命和产业变革与我国加快转变经济发展方式形成历史性交汇，国际产业分工格局正在重塑，只有紧紧抓住这一重大历史机遇，才能把我国建设成为引领世界制造业发展的制造强国。

2. 推动我国成为制造强国的"三步走"战略目标。第一步：力争用十年时间，迈入制造强国行列。到 2020 年，基本实现工业化，制造业大国地位进一步巩固，制造业信息化水平大幅提升。到 2025 年，制造业整体素质大幅提升，创新能力显著增强，全员劳动生产率明显提高，工业化和信息化融合迈上新台阶。第二步：到 2035 年，我国制造业整体达到世界制造强国阵营中等水平。创新能力大幅提升，重点领域发展取得重大突破，整体竞争力明显增强，优势行业形成全球创新引领能力，全面实现工业化。第三步：新中国成立一百年时，制造业大国地位更加巩固，综合实力进入世界制造强国前列。制造业主要领域具有创新引领能力和明显竞争优势，建成全球领先的技术体系和产业体系。

☐ 实践指导

1. 提高国家制造业创新能力。完善以企业为主体、市场为导向、政产学研用相结合的制造业创新体系。围绕产业链部署创新链，围绕创新链配置资源链,加强关键核心技术攻关,加速科技成果产业化,提高关键环节和重点领域的创新能力。

2. 推进信息化和工业化深度融合。加快推动新一代信息技术和制造技术融合发展,把智能制造作为工业化和信息化深度融合的主攻方向;着力发展智能装备和智能产品,推进生产过程智能化,培育新型生产方式,全面提升企业研发、生产、管理和服务的智能化水平。

3. 强化工业基础能力。核心基础零部件(元器件)、先进基础工艺、关键基础材料和产业技术基础(统称"四基")等工业基础能力薄弱,是制约我国制造业创新发展和质量提升的症结所在。要坚持问题导向、产需结合、协同创新、重点突破的原则,着力破解制约重点产业发展的瓶颈。

4. 加强质量品牌建设。提升质量控制技术、完善质量管理机制,夯实质量发展基础,优化质量发展环境,努力实现制造业质量大幅提升。鼓励企业追求卓越品质、形成具有自主知识产权的名牌产品,不断提升企业的品牌价值和中国制造整体形象。

34.现代供应链

 重要背景

2014 年 11 月,习近平总书记在亚太经合组织(APEC)第 22 次领导人非正式会议记者会上表示,此次会议决定实施全球价值链、供应链领域的合作倡议。

2017 年 10 月,国务院办公厅印发了《关于积极推进供应链创新与应用的指导意见》,部署供应链创新与应用有关工作,推动我国供应链发展水平全面提升。

2017 年 10 月,党的十九大报告提出"现代供应链",作为推动供给侧结构性改革的重要手段。

□ 简明要义

现代供应链是以客户需求为导向,以提高质量和效率为目标,以整合资源为手段,实现产品设计、采购、生产、销售、服务等全过程高效协同的组织形态。

1. 落实新发展理念的重要举措。现代供应链具有创新、协同、共赢、绿色、开放、共享等特征，推进现代供应链创新发展，有利于加速产业融合、深化社会分工、提高集成创新能力，有利于建立现代供应链上下游企业合作共赢的协同发展机制，有利于建立覆盖设计、生产、流通、消费、回收等各环节的绿色产业体系。

2. 供给侧结构性改革的重要抓手。现代供应链通过资源整合和流程优化，促进产业跨界和协同发展，有利于加强从生产到消费等各环节的有效对接，降低企业经营和交易成本，促进供需精准匹配和产业转型升级，全面提高产品和服务质量。

3. 引领全球化、提升竞争力的重要载体。推进现代供应链全球布局，加强与伙伴国家和地区之间的合作共赢，有利于我国企业更深更广地融入全球供给体系，推进"一带一路"建设落地，实现合作国家之间的政策沟通、设施联通、贸易畅通、资金融通和民心相通，打造全球利益共同体和命运共同体。建立基于现代供应链的全球贸易新规则，有利于提高我国在全球经济治理中的话语权，保障我国资源能源安全和产业安全。

4. 现代供应链能够实现产业组织方式的变革。我国庞大的产业集群存在地理上集聚，行业性信用难以有效建立、很多集群陷于价格战等问题，必然会导致产能过剩。因此，通过现代供应链这一新组织方式，能够让集群的企业主辅分工清晰、产业配套性强、创新力活跃、开放性良好，从而实现产业组织方式的改进。

5. 现代供应链能够使产业要素结构更趋合理化。现代供应链中强调商流、物流与资金流的有机融合，用产业来带动金融的发展，同时通过让资本回归实体产业，进一步优化产业运营过程，推动产业发展，这必然能够使产业和金融之间形成良性循环，优化投融资结构，实现资源优化配置与优化再生。

加快现代供应链创新与应用,能够促进产业组织方式、商业模式和政府治理方式创新,推进供给侧结构性改革。

□ 实践指导

1. 推进现代供应链协同制造。推动制造企业应用精益供应链等管理技术,完善从研发设计、生产制造到售后服务的全链条供应链体系。推动现代供应链上下游企业实现协同采购、协同制造、协同物流,促进大中小企业专业化分工协作,快速响应客户需求,缩短生产周期和新品上市时间,降低生产经营和交易成本。

2. 促进制造供应链可视化和智能化。推动感知技术在制造供应链关键节点上的应用,促进全链条信息共享,实现供应链可视化。推进机械、航空、船舶、汽车、轻工、纺织、食品、电子等行业供应链体系的智能化,加快人机智能交互、工业机器人、智能工厂、智慧物流等技术和装备的应用,提高敏捷制造能力。

3. 推动供应链金融服务实体经济。推动全国和地方信用信息共享平台、商业银行、供应链核心企业等开放共享信息,推动商业银行、供应链核心企业等建立供应链金融服务平台,为供应链上下游中小微企业提供高效便捷的融资渠道。

4. 积极融入全球供应链网络。加强交通枢纽、物流通道、信息平台等基础设施建设,推进与"一带一路"沿线国家互联互通。推动国际产能和装备制造合作,推进边境经济合作区、跨境经济合作区、境外经贸合作区建设,鼓励企业深化对外投资合作,设立境外分销和服务网络、物流配送中心、海外仓储等,建立本地化的供应链体系。

35.市场准入负面清单制度

 **重要背景**

2013 年 11 月,党的十八届三中全会通过的《中共中央关于全面深化改革若干重大问题的决定》提出,"实行统一的市场准入制度,在制定负面清单基础上,各类市场主体可依法平等进入清单之外领域。"

2014 年 7 月,国务院印发了《关于促进市场公平竞争维护市场正常秩序的若干意见》,要"改革市场准入制度。制定市场准入负面清单,国务院以清单方式明确列出禁止和限制投资经营的行业、领域、业务等,清单以外的,各类市场主体皆可依法平等进入"。

2015 年 9 月,习近平总书记主持召开中央全面深化改革领导小组第十六次会议,会议审议通过了《关于实行市场准入负面清单制度的意见》,指出实行市场准入负面清单制度,对发挥市场在资源配置中的决定性作用和更好发挥政府作用,建设法治化营商环境,构建开放型经济新体制,具有重要意义。

2015 年 10 月,国务院印发了《关于实行市场准入负面清单制度的意见》,明确了实行市场准入负面清单制度的总体要求、主要任务和配套措施。按照先行先试、逐步推开的原则，从 2015 年 12 月 1 日至 2017 年 12 月 31 日，在部分地区试行市场准入负面清单制度，从 2018 年起正式实行全国统一的市场准入负面清单制度。

□ 简明要义

市场准入负面清单制度，是指国务院以清单方式明确列出在中华人民共和国境内禁止和限制投资经营的行业、领域、业务等，各级政府依法采取相应管理措施的一系列制度安排。市场准入负面清单以外的行业、领域、业务等，各类市场主体皆可依法平等进入。实行市场准入负面清单制度具有如下重要意义：

1. 实行市场准入负面清单制度是发挥市场在资源配置中的决定性作用的重要基础。通过实行市场准入负面清单制度，赋予市场主体更多的主动权，有利于落实市场主体自主权和激发市场活力，为发挥市场在资源配置中的决定性作用提供更大空间。

2. 实行市场准入负面清单制度是更好发挥政府作用的内在要求。通过实行市场准入负面清单制度，明确政府发挥作用的职责边界，有利于进一步深化行政审批制度改革，有利于促进政府运用法治思维和法治方式加强市场监管，从根本上促进政府职能转变。

3. 实行市场准入负面清单制度是构建开放型经济新体制的必要措施。实施市场准入负面清单和外商投资负面清单制度，有利于加快建立与国际通行规则接轨的现代市场体系，有利于营造法治化的营商环境，促进国际国内要素有序自由流动、资源高效配置、市场深度融合。

□ 实践指导

1.建立健全与市场准入负面清单制度相适应的准入机制。对市场准入负面清单以外的行业、领域、业务等,各类市场主体皆可依法平等进入,政府不再审批。对应该放给企业的权力要松开手、放到位,做到市场准入负面清单以外的事项由市场主体依法自主决定。

2.完善与市场准入负面清单制度相适应的审批体制。对限制准入事项,要精简前置审批,实现审批流程优化、程序规范、公开透明、权责清晰。其中,涉及国家安全、安全生产等环节的前置性审批,要依法规范和加强。要加快建立"统一规范、并联运行,信息共享、高效便捷,阳光操作、全程监督"的网上联合审批监管平台,实现所有审批事项"一网告知、一网受理、一网办结、一网监管"。

3.建立健全与市场准入负面清单制度相适应的监管机制。各地区各部门要按照各司其职、依法监管的原则,加强对市场主体投资经营行为的事中事后监管。要按照简政放权、依法监管、公正透明、权责一致、社会共治原则,转变监管理念,创新监管方式,提升监管效能,优化对准入后市场行为的监管,确保市场准入负面清单以外的事项放得开、管得住。

4.完善与市场准入负面清单制度相应的法律法规体系。实行市场准入负面清单制度,要坚持改"旧法"与立"新法"并重。有关部门要依照法定程序全面清理涉及市场准入、投资经营的法律、法规、规章、规范性文件以及各类行政审批,应当修改、废止的及时加以修改、废止或提出修改、废止的建议。

36. 商事制度改革

2013年2月,党的十八届二中全会决定改革工商登记制度,放宽工商登记条件,加强对市场主体、市场活动的监督管理。

2013年10月,国务院审议通过了《注册资本登记制度改革方案》,确立了商事制度改革总体设计。该方案于2014年2月7日正式印发。

2013年12月,十二届全国人大六次会议审议修改了《公司法》,明确将公司注册资本实缴登记制改为认缴登记制,取消公司注册资本最低限额制度,为推进商事制度改革提供了法治保障。

2014年3月,工商登记制度改革在全国范围启动,正式拉开了改革的序幕。随后,在放宽市场准入、强化事中事后监管和优化服务上出台了一系列商事制度改革的措施。

□ 简明要义

商事制度是社会主义市场经济体系的重要组成部分。商事制度改革由注册资本实缴登记制改为注册资本认缴登记制,取消了原有对公司注册资本、出资方式、出资额、出资时间等的硬性规定,取消了经营范围的登记和审批,从以往的"重审批轻监管"转变为"轻审批重监管"。

1.商事制度改革遵循以下基本原则:简政放权、激发活力;规范统一、便捷高效;宽进严管、权责一致。这为充分调动市场主体的活力和优化市场环境提供了基本条件。

2.商事制度改革推进公司注册资本登记制度改革,改善了企业登记环节高昂的设立成本、复杂的程序以及法律不确定性,降低了市场准入门槛,也对企业理性投资、诚信经营提出了更高的要求。因此,作为"放管服"改革的重要抓手,商事制度改革可以为各类市场主体营造公平的经商环境,降低制度性交易成本。

3.商事制度改革对增加就业和经济发展具有积极作用。通过推进商事制度改革,促进了新设市场主体保持较快增长,激发了企业活力,对实施创新驱动发展战略,推动大众创业、万众创新发挥了积极作用。同时,商事制度改革进一步激发市场活力和社会创造力,提供更多的工作机会,保住"就业"这个民生之本、发展之源。

商事制度改革强化部门监管职责,加强事中事后监管,完善市场监管体系,改进行政服务,加快建设统一开放、竞争有序的市场环境,营造一个有利于大众创业、万众创新的法治化营商环境。

□ 实践指导

1.科学划分各级政府及其部门的市场监管职责,健全配套监管制度,落实市场主体行为规范责任、部门市场监管责任和属地政府领导责任。

2.优化服务机制，提升政务服务效能和水平，实行"局所联动、全域联办"制度，便捷小微企业注册登记。积极推行电子营业执照，这是商事登记制度改革的一项重要举措，企业在办理企业设立、变更、补换照等登记时，可以同步发放电子营业执照与纸质营业执照。

3.加强企业信用信息系统建设，建成大数据运用创新中心，构建以"网渔式"监管工作法为核心的"互联网+市场监管"模式，全力推进事中事后监管，营造公平竞争的市场环境。

4.推广建立商会商事调解委员会，完善法律服务体系，注重维权服务。

5.积极推行"三证合一""五证合一"改革。"三证合一""五证合一"登记制度的实行是深化行政审批制度改革，转变政府职能、简政放权的重要举措，也是营造宽松平等的准入环境、最大程度实现注册便利化的有效抓手。

6.实行注册资本认缴登记制。全面推行注册资本实缴改为认缴的登记制度，大力降低公司准入门槛，为自主创业和中小微企业发展创造良好的准入条件。

7.探索开展简易注销登记。开展简易注销，有利于部分"僵尸企业"快速便捷地退出市场，同时将进一步节约企业注销的时间成本和经济成本，有效破解企业"进门容易出门难"问题。

37. 亲清新型政商关系

 重要背景

2016年3月，习近平总书记在全国政协十二届四次会议民建、工商联委员联组会上指出，新型政商关系，概括起来说就是"亲"、"清"两个字。

对领导干部而言，所谓"亲"，就是要坦荡真诚同民营企业接触交往，特别是在民营企业遇到困难和问题情况下更要积极作为、靠前服务，对非公有制经济人士多关注、多谈心、多引导，帮助解决实际困难。所谓"清"，就是同民营企业家的关系要清白、纯洁，不能有贪心私心，不能以权谋私，不能搞权钱交易。

对民营企业家而言，所谓"亲"，就是积极主动同各级党委和政府及部门多沟通多交流，讲真话，说实情，建诤言，满腔热情支持地方发展。所谓"清"，就是要洁身自好、走正道，做到遵纪守法办企业、光明正大搞经营。

□ 简明要义

政府与企业家之间既相互依存，又职责各异，应当有底线、有距离。"亲"、"清"二字，指出了两者之间"亲密"而不失"分寸"的关系。

1."亲"，体现了党中央对充分调动非公有制经济人士积极性、充分发挥非公有制经济作用的鲜明态度。非公有制经济是我国社会主义市场经济的重要组成部分，为我国经济发展作出了巨大贡献。正因为如此，充分调动非公有制经济人士的积极性，充分发挥非公有制企业在发展社会主义市场经济过程中的重要作用，离开工作上的"亲"是不可能做到的。

2."清"，体现了党中央对各级领导干部在政治纪律和政治规矩方面的严格要求。界限是边界，清白是底线。守纪律、讲规矩是对全体党员干部党性的重要考验，也是对党员干部对党忠诚度的重要检验。各级领导干部的宗旨是全心全意为人民服务，不能公私不分，失去底线。

3.对民营企业家来说，"亲"要求以真情建言献策，满腔热情地支持地方发展，满腔热情地支持党和政府的工作。"清"则要求民营企业家在与领导干部交往中洁身自好，走正道，不搞"红顶商人"那一套。

发展社会主义市场经济，处理好政商关系对于领导干部和企业家尤其是民营企业家来说都是一种考验。当前，有些领导干部出现腐败问题，与不健康的政商关系有直接关系。习近平总书记亲清新型政商关系的提出，为政府官员与商人交往划好了边界，正在形成中国新的政治文化和新的政治规矩，从而为营造一个健康有序的市场经济发展环境奠定基础。

□ 实践指导

1.构建亲清新型政商关系最核心的前提就是坚持正确政治方向。作为党和国家事业的中坚力量,党政干部政治头脑是否清醒、政治立场是否坚定、政治能力是否具备,是衡量其能否担当社会主义现代化建设重任的首要标准。对非公有制企业而言,坚持正确政治方向,就是要坚定不移地坚持中国共产党的领导,坚定不移地执行党和政府的大政方针,努力承担社会责任,主动维护社会稳定,依法治企,合法经营。

2.建立亲清新型政商关系需要制度保障,让权力在阳光下运行。为厘清政府与市场边界,需要全面推动建立权力清单、责任清单、负面清单"三张清单"制度。"三张清单"制度既使"亲"的关系保持了合理尺度,也使"清"的关系有了实质保证。

3.构建亲清新型政商关系需要政府和企业之间的良性互动。推动"政企互动"常态化机制化,实行"马上就办",及时在"台面"上解决实际困难,畅通"政企互动"渠道,确保政商关系阳光和谐。既要消除党政干部与企业联系交往的隔阂和顾虑,让干部堂堂正正走进企业、清清白白与企业家进行交往,又要使企业充分表达利益诉求,及时反映企业发展中存在的困难和问题。

38. 多层次资本市场

重要背景

　　2003年10月,党的十六届三中全会通过的《中共中央关于完善社会主义市场经济体制若干问题的决定》就已经提出了"建立多层次资本市场体系,完善资本市场结构,丰富资本市场产品"的改革要求。

　　党的十八大以来,多层次资本市场已连续5年在《政府工作报告》中提及,党的十八届三中全会通过的《中共中央关于全面深化改革若干重大问题的决定》提出了"健全多层次资本市场体系,推进股票发行注册制改革,多渠道推动股权融资,发展并规范债券市场,提高直接融资比重"的改革新方向。

□ 简明要义

　　在资本市场上,不同的行为主体具有不同的规模和行为特征,对风险的偏好程度也不一样,这在客观上要求资本市场提供多样化的金融服务。促进多层次资本市场健康发展,形成包括场外、场内市场的分层有序、品种齐全、功能互补、规则统一的多层次资本市场体系,能够有效弥补金融体系短板,拓展企业融资渠道,提高直接融资比重,降低杠杆率,增强金融服务实体经济能力。

1. 多层次资本市场可以提供多种类型的金融产品及其交易场所,满足不同层次的投融资需求,促进资金的自由流动,提高配置效率。

2. 多层次资本市场将有效提高直接融资比重,改变我国实体经济过度依赖银行信贷、融资结构长期失衡的状态,降低实体部门和金融机构的杠杆率水平。

3. 多层次资本市场提供的高效便捷透明的定价机制和支付工具,能够推动企业的市场化兼并重组,有利于化解过剩产能。

4. 多层次资本市场能够为扩大双向开放创造有利条件,提高我国资本市场和金融服务业的国际竞争力,更好地服务我国经济参与全球竞争。

5. 多层次资本市场有助于对投资者和融资者进行分类管理,创新宏观调控机制,提高市场效率和风险控制能力,防范和化解经济金融风险。

□ 实践指导

1. 积极发展不同资本市场及其层次。着力推动股票市场发展,在增加交易产品种类,壮大主板市场,完善交易机制的同时,改革创业板制度,降低准入门槛,加快全国中小企业股份转让系统的建设和完善,把合法合规的地方区域性股权市场纳入资本市场体系。规范发展债券市场,丰富债券品种,促进银行间债券市场和交易所债券市场的互联互通。稳步发展金融衍生品市场,进一步完善商品期货市场,发展权益类、利率类、汇率类金融期货,完善场外衍生品市场体系。

2. 建立健全转板机制和退出机制。不同资本市场在发展到一定程度之后,市场内部逐步形成层次,比如交易所市场的主板、中小板、创业板等。为此,需要建立市场内部各层次之间的转板机制,以及各市场之间的转移机制,实现多层次资本市场的良性互动、无缝对接。

3. 创新金融监管体制。随着市场层次和金融产品的不断丰富以及新技术的大量运用,金融机构的跨市场特征越来越明显,资本市场风险的表现形式日益多样化,风险传导路径日益复杂,不同产品、不同市场、不同国家和地区的金融风险可能相互传导、联动并放大。因此,必须进一步完善相关配套规则,强化资本市场信息系统安全防护,切实提高风险监测、预警、防范和处置能力,完善监管协调机制,界定好中央和地方金融监管职责和风险处置责任,守住不发生区域性、系统性金融风险的底线。

39. 利率市场化

 **重要背景**

　　1993 年 12 月,《国务院关于金融体制改革的决定》已经提出"逐步形成以中央银行利率为基础的市场利率体系"的改革方向。但实际上,我国的利率市场化改革真正始于 1996 年中国人民银行放开银行间同业拆借利率。截至 1999 年,我国已经放开了债券市场和货币市场的利率管制;三年后,我国基本实现了存款利率管上限,贷款利率管下限的阶段性目标。

　　2013 年 7 月,中国人民银行宣布取消对金融机构贷款利率的下限管制,金融机构的贷款利率完全由金融机构根据商业原则或者市场化原则自行决定。到 2015 年,在多次降准降息之后,中国人民银行宣布取消对金融机构存款利率的上限管制。

　　从 1996 年利率市场化拉开序幕,到 2015 年取消对金融机构存款利率的上限管制,经过近 20 年的时间,我国已经基本结束了利率管制时代,是利率市场化进程中的重要里程碑。

□ 简明要义

利率市场化指的是由金融机构根据资金状况和对金融市场动向的判断自主调节利率水平，最终形成以中央银行基准利率为基础，以货币市场利率为中介，由市场供求决定金融机构存贷款利率的市场利率体系和利率形成机制。

1. 利率市场化有利于规范和引导民间融资健康发展，有利于有效配置金融资源，提高金融市场运行效率。

2. 利率市场化有利于发挥利率机制的传导作用，实现政府宏观调控的市场化。

3. 利率市场化有利于倒逼商业银行加快机构改革和业务调整，转变经营模式。

4. 利率市场化有利于货币市场、股票市场、债券市场及衍生品市场创新，释放巨大的发展潜力。

5. 利率市场化有利于我国走向国际金融舞台，融入国际金融市场，更加灵活有效地应对国际金融市场的变化。

□ 实践指导

1. 坚持金融服务实体经济的职能定位。一方面，利率市场化是将政府定价转变为市场定价，使之不仅能反映实体经济的需求，更能以合理高效的方式将金融资源配置到经济社会发展的重点领域和薄弱环节,提高金融服务实体经济的效率。另一方面,利率市场化在对商业银行,证券、基金、保险等非银行金融机构,以及各类金融市场产生深远影响的同时,也会对实体经济产生强力冲击,要减轻利率市场化过程中的负面效应,防止出现金融和经济危机。

2. 健全中央银行对利率指导的传导机制。健全和完善中央银行的政策利率体系,探索构建"利率走廊"机制,通过向金融机构提供短期存贷款,依靠设定的利率操作区间来稳定短期市场利率和银行体系流动性。做好中央银行控制短期利率向中长期传导的机制,配合再贷款利率、中期借贷便利的利率等引导中长期利率的形成。完善利率市场风险定价机制,健全利率收益率曲线体系,使之能够充分反映各类风险溢价。

3. 磨合利率市场化形成机制。市场利率很多,它们互相联系、互相影响,形成一个体系。一般的利率传导路径是,首先由中央银行调控政策基准利率,传导至银行间同业拆借市场,再到债券市场,在债券市场中由短端传导至长端,最终传导到整个借贷市场。为此,要进一步打破阻碍资金在各金融市场间流动的体制机制障碍,加强各金融市场以及金融市场上各机构之间的利率关联度。

4. 完善金融机构的激励和约束机制。深化金融机构改革,完善现代金融企业制度,完善公司法人治理结构,优化股权结构,建立有效的激励机制。转变当前商业银行仍然根据中国人民银行官方基准利率定价的经营模式;降低货币市场的准入门槛,让更多的主体参与进来,提高市场竞争程度。强化风险内控机制建设,建立包括利率监测、调整备案、临时管制等措施在内的风险管理与防控机制。加强外部市场约束,杜绝隐性担保,增强企业融资决策对利率的敏感程度。

40. 汇率市场化

重要背景

1994 年可以视为人民币汇率市场化改革的开端。根据《中共中央关于建立社会主义市场经济体制若干问题的决定》提出的"改革外汇管理体制,建立以市场为基础的有管理的浮动汇率制度和统一规范的外汇市场"要求,自 1994 年 1 月 1 日起,我国宣布开始实行以市场供求为基础的、单一的、有管理的浮动汇率制度。

2005 年,中国人民银行进一步宣布,废除原先盯住单一美元的货币政策,开始实行以市场供求为基础、参考一篮子货币进行调节、有管理的浮动汇率制度,开启了汇率市场化改革的新征程。

□ 简明要义

汇率市场化就是在维护人民币汇率在合理均衡点基本稳定的前提下,让市场在汇率的形成过程中发挥决定性作用,使人民币汇率能够适应市场的供求状况灵活调整。自 1994 年汇率市场化改革以来,我国根据国内外经济环境的变化,主动、渐进、有序地完善人民币汇率形成机制,人民币汇率弹性不断增加,并且成功应对了 1997—1998 年亚洲金融危机和 2008 年国际金融危机的冲击。

1. 汇率市场化是深化改革的必然要求。汇率市场化使汇率变动反映市场的供求状况,使进出口准确反映真实成本、资源禀赋和比较优势,更有利于我国参与国际分工、竞争与合作。

2. 汇率市场化是扩大对外开放的应有之义。随着我国经济金融对外开放程度的日益加深,资本管制有效性下降,为了保持货币政策的独立性,有效利用外汇储备,扩大对外投资规模,提高对外投资效率,拓展双边、多边货币合作的领域和范围,推动人民币跨境结算,都需要进一步完善汇率形成机制。

3. 汇率市场化是人民币国际化的必由之路。汇率市场化是人民币国际化的先决条件。2014 年底的中央经济工作会议提出了"稳步推进人民币国际化"的要求,同时将其纳入 2016 年初的"十三五"规划纲要,并在 2017 年 7 月的全国金融工作会议上再次予以强调,它是大国经济崛起的显著标志,也是我国金融战略的核心内容。

□ 实践指导

1. 稳步推进汇率市场化改革。随着我国改革开放的深入和市场化程度的提高,为了建立更为有效的汇率制度,汇率市场化改革必须坚定向前推进。汇率的市场化改革应在加大市场供求决定汇率水平力度的同时,着眼于提高国内国外两种资源的配置效率,促进国际收支平衡,防止汇率的不正常波动对金融领域和实体经济的影响。目前,我国经济结构优化,改革向纵深迈进,外商直接投资和对外投资持续增长,外汇储备充裕,金融体系稳健,海外投资者配置人民币资产的需求逐步增加,为完善汇率形成机制创造了良好条件。

2. 处理好市场力量与政府干预的关系。人民币汇率机制改革要坚定不移地坚持市场化方向,政府政策应着眼于驾驭市场力量尤其是引导市场预期,防止汇率长时期明显偏离基本面,在特定时期抑制追涨杀跌、投机套利等非理性和不规范行为。一旦市场恢复理性,干预政策就要适时调整或退出。

3. 完善中间价报价机制。2015 年 8 月,中国人民银行宣布完善人民币对美元汇率中间价报价机制,即做市商在每日银行间外汇市场开盘前,参考上日银行间外汇市场收盘汇率,综合考虑外汇供求情况以及国际主要货币汇率变化,向中国外汇交易中心提供中间价报价。两年多以来,这一改革措施已逐见成效,收盘汇率+一篮子货币汇率变化的中间价形成机制初步建立。2017 年 5 月,中国人民银行又在中间价引入逆周期调节因子,中间价决定因素变为"三足鼎立",有效对冲了市场情绪的顺周期波动,人民币兑美元双边汇率弹性增强,兑一篮子货币汇率基本稳定。

4. 发展和完善外汇市场。汇率机制改革仅限于放宽波幅限制、逐步扩大弹性、增强市场力量远远不够,还要不断发展和完善多层次外汇市场,增加外汇市场的交易主体,丰富外汇市场的交易工具,增加外汇市场的交易方式,降低外汇市场的交易成本,扩大外汇市场的交易规模,以功能健全、产品丰富的外汇市场体系为汇率机制改革提供良好的微观基础。

41. 系统性金融风险

 重要背景

2008 年国际金融危机爆发以来,防控金融风险,维护金融安全和稳定就频繁出现在党和政府的重要文件之中。

2017 年 7 月,在五年一次的全国金融工作会议上,习近平总书记指出,金融安全是国家安全的重要组成部分,防止发生系统性金融风险是金融工作的永恒主题,要把主动防范化解系统性金融风险放在更加重要的位置。

□ 简明要义

系统性金融风险是相对于特定金融资产或金融机构风险而言的概念,指的是不能分散的金融风险,它常常表现为金融产品、金融机构和金融市场在某些共同因素作用下引发连锁反应,如金融产品价格剧烈波动、金融机构大面积破产等,进而导致金融危机,使经济和就业遭受巨大冲击和损失。党的十九大报告中要求的守住不发生系统性金融风险的底线，是在总结西方国家金融危机教训、认清金融体系运动规律、研判我国经济发展形势的基础上，作出的科学决策。

1. 金融活则经济活。金融是现代经济的核心，通过金融机构和金融市场，微观经济主体和宏观调控部门被紧密地联系在一起。企业生产、家庭消费、政府干预都需要金融系统为其提供资金融通、信息传递、风险分散等服务。因此，经济的发展离不开金融的资源配置和宏观调控功能。

2. 金融稳则经济稳。经济发展成果的巩固离不开金融的安全稳定，防止发生系统性金融风险是金融工作的永恒主题。守住不发生系统性金融风险的底线，关系国家经济社会可持续发展的大局。

□ 实践指导

1. 回归金融服务实体经济的本源。金融机构与金融市场通过动员储蓄、分配资源、监督职业经理人、分散风险和促进商品、服务及合同贸易等手段，能够有效降低信息成本和交易成本，促进资本积累和技术创新，推动经济增长。但是金融也容易成为过度投机和虚假繁荣的温床，借助金融产品的反复买卖，金融可以自转、空转，并诱使实体经济脱实向虚，后者反过来又会强化金融的自我循环，从而累积风险。习近平总书记强调，金融是实体经济的血脉，为实体经济服务是金融的天职，是金融的宗旨，也是防范金融风险的根本举措。

2. 坚定去杠杆方向。由过高负债率导致的巨大财务成本不但危及企业日常运营，而且带来较高风险，甚至有可能诱发金融危机，损害整个国民经济的健康。要在控制总杠杆率的前提下,把降低企业杠杆率作为重中之重。为此,一要发展多层次资本市场,改善企业融资结构,加大股权融资比重;二要防止借新还旧、扩大借债规模,强化企业自身债务杠杆硬约束;三要支持有条件的企业市场化、法治化债转股,有序降低负债比例;四要提高企业运用资金的效率,包括投资效益、使用流动资金效益等。

3. 健全金融监管体系。加快建设相关法律法规,统筹监管重要金融机构,统筹负责金融业综合统计,形成金融发展和监管强大合力,补齐监管短板,避免监管空白。继续实施稳健货币政策,调节好货币供给闸门,畅通货币政策传导渠道和机制,既不释放过多流动性推高资产价格,又要维护流动性基本稳定,缓解实体经济改革压力。

4. 防控重点领域和关键环节。坚持"房子是用来住的,不是用来炒的"的定位,综合运用信贷、土地、财税、投资、立法等措施,抑制房地产泡沫,防止出现房价的大起大落。警惕互联网金融等新兴业态的金融风险。互联网金融的繁荣,一方面有利于扩大金融服务范围,提升金融服务质量,促进金融创新;另一方面也冲击了传统金融体系,在其本身的技术风险、操作风险和信息风险未能有效解决,监管能力和水平又出现滞后的情况下,互联网金融的过度发展将扰乱正常的金融经济秩序,增加金融体系的脆弱性。保持汇率基本稳定。随着我国开放程度的提高,经济主体对汇率的变化越来越敏感,要稳定市场预期,防止不必要的资本流出和波动,同时完善人民币汇率形成机制,有序推动人民币的国际化。

42.绿色金融

重要背景

2015年9月,中共中央 国务院印发的《生态文明体制改革总体方案》提出了"建立绿色金融体系"的顶层设计。

2016年3月,十二届全国人大四次会议表决通过《中华人民共和国国民经济和社会发展第十三个五年规划纲要》,进一步明确要"建立绿色金融体系,发展绿色信贷、绿色债券,设立绿色发展基金。"

□ 简明要义

根据中国人民银行、财政部等七部委于2016年8月31日联合印发的《关于构建绿色金融体系的指导意见》中的界定,绿色金融是指为支持环境改善、应对气候变化和资源节约高效利用的经济活动,即对环保、节能、清洁能源、绿色交通、绿色建筑等领域的项目投融资、项目运营、风险管理等所提供的金融服务。发展绿色金融是国家战略的有机组成部分,应在政府支持和引导下,发挥市场在资源配置中的决定性作用,释放微观经济主体的活力和创造力,同时力求稳步有序、风险可控,实现绿色金融和相关经济领域的健康发展。

1. 党的十八届五中全会确立了创新、协调、绿色、开放、共享的新发展理念,它是引领我国当前和未来改革与发展的重要指针。党的十九大报告再次突出强调"发展是解决我国一切问题的基础和关键,发展必须是科学发展,必须坚定不移贯彻创新、协调、绿色、开放、共享的发展理念。"绿色金融是践行新发展理念,全面贯彻落实《中共中央 国务院关于加快推进生态文明建设的意见》和《生态文明体制改革总体方案》精神的重要举措。

2. 当前,我国正处于经济结构调整和发展方式转变的关键时期,发展绿色金融,构建绿色金融体系,动员和激励更多社会资本投入到绿色产业,增加绿色金融供给,可以充分发挥其在转方式、调结构、服务供给侧结构性改革,促进生态文明建设,推动经济社会可持续发展,建设美丽中国等方面的积极作用。

□ 实践指导

1. 创新开发多元化绿色金融产品和服务。通过政府贴息贷款、成立绿色担保机构、优化授信审批流程、推动绿色信贷证券化等方式,大力发展针对节能减排技术、生态修复、能源清洁高效利用、新能源开发、循环经济发展等绿色领域的信贷。探索发行并鼓励交易绿色债券、绿色股票等相关金融产品,开发绿色债券指数和股票指数,充分利用资本市场助力绿色金融发展。引导保险资金投资绿色环保项目,支持保险机构创新绿色保险产品和服务,参与环境风险治理体系建设。

2. 建立健全多层次绿色金融组织体系。支持银行业金融机构整合内部资源,设立绿色金融部门或分支机构,从事绿色金融产品的设计与推广。采取多种方式推动、组建各类绿色发展基金,通过政府和社会资本合作模式动员社会资本参与发展绿色金融。建立排污权、节能量（用能权）、水权、碳排放权等环境权益交易市场,发展基于各类环境权益的融资工具,拓宽企业绿色融资渠道。培育第三方绿色评级和咨询决策机构,鼓励后者参与采集、研究和发布企业环境信息与分析报告。

3. 完善和强化绿色金融监管框架。完善涉及绿色金融业务和产品的法律法规,加强对绿色金融业务和产品的协调监管,强制要求上市公司和发债企业披露环境信息。推动环境保护、安全生产、工业和信息化等主管部门与金融监管部门以及行业协会等社会组织之间的信息和统计数据共享共用,加快建立相关分析预警机制,有效防止绿色金融领域可能出现的风险。

4. 积极推动绿色金融国际合作。鼓励和支持我国金融机构、非金融企业和我国参与的多边开发性机构在"一带一路"和其他对外投资项目中注重绿色化,维护国家形象,同时通过各种安排吸引更多国际绿色投资者参与我国的绿色投资。2016年,我国将绿色金融列入G20议题,发起G20绿色金融研究小组,获得了积极反响和广泛支持,要继续在二十国集团框架下推动全球形成共同发展绿色金融的理念,加强在银行和资本市场"绿色"化、环境信息披露和环境压力测试等方面的国际合作。

43. 绿色低碳循环发展的经济体系

 重要背景

2012 年 11 月,党的十八大把生态文明建设纳入"五位一体"的总体布局,指出"建设生态文明,是关系人民福祉、关乎民族未来的长远大计",强调"必须树立尊重自然、顺应自然、保护自然的生态文明理念,把生态文明建设放在突出地位,融入经济建设、政治建设、文化建设、社会建设各方面和全过程,努力建设美丽中国,实现中华民族永续发展"。

2015 年 10 月,党的十八届五中全会提出,"坚持绿色发展,必须坚持节约资源和保护环境的基本国策,坚持可持续发展,坚定走生产发展、生活富裕、生态良好的文明发展道路,加快建设资源节约型、环境友好型社会,形成人与自然和谐发展现代化建设新格局,推进美丽中国建设,为全球生态安全作出新贡献。促进人与自然和谐共生,构建科学合理的城市化格局、农业发展格局、生态安全格局、自然岸线格局,推动建立绿色低碳循环发展产业体系。"

□ 简明要义

建立健全绿色低碳循环发展的经济体系，就是要求经济发展必须遵循自然规律，合理开发利用自然，减少物质消耗，减少污染排放，减少生态破坏，尽可能将废弃物资源化进行再次利用，实现经济与资源环境的可持续发展。

1. 建立健全绿色低碳循环发展的经济体系是提升经济发展质量的客观要求。当前我国正处在转变发展方式、优化经济结构、转换增长动力的攻关期，面对资源约束趋紧、环境污染严重、生态系统退化的严峻形势，必须牢牢树立绿色发展的新理念，只有把生态文明建设融入经济建设的各个方面，才能全面提升经济发展的质量。

2. 建立健全绿色低碳循环发展的经济体系是建设美丽中国的根本保障。着力推进经济的绿色发展、低碳发展和循环发展，从源头上扭转资源枯竭、环境恶化的趋势，形成节约资源和保护环境的产业结构、生产方式和生活方式，将为美丽中国的建设提供坚实的物质基础。

3. 建立健全绿色低碳循环发展的经济体系是满足人民日益增长的优美生态环境需要的重要途径。随着生产力的提高，人民需求越发多样化，不仅需要更多的物质财富和精神财富，而且需要优美的生态环境，需要绿水青山。建立健全绿色低碳循环发展的经济体系，可以为人民创造良好的生产和生活环境，增加人民幸福感。

□ 实践指导

1. 健全有利于绿色发展的法律制度和政策体系。提高建筑节能标准,实现重点行业、设备节能标准全覆盖;严格统一行使监管城乡各类污染排放和行政执法职责;建立企业环境信用记录和违法排污黑名单制度;统筹推行绿色标识、认证和政府绿色采购制度。

2. 加快改造升级传统产业。以节能减排和循环利用为抓手,在全面节能、节水、节地、节材、节矿的同时,加强"高污染、高耗能、高碳排放"企业的绿色升级改造,坚决淘汰钢铁、水泥、电解铝等行业的过剩产能,有效控制钢铁、建材、化工等重点行业的碳排放,鼓励工艺技术装备更新改造,加快废弃物资源化利用,降低单位产值能耗,提升资源能源的利用效率。

3. 不断发展壮大绿色产业。大力推进节能环保产业、清洁生产产业和清洁能源产业的发展,把这些绿色产业培育成新的经济增长点,不断提高绿色技术和绿色产品的供给水平。建立以市场为导向的绿色技术创新体系,围绕市场需求研发、转化和推广绿色技术,推动技术创新和产业发展的相互融合、相互促进。建立从事绿色金融的部门或机构,健全环境权益交易市场,发展绿色信贷、绿色债券、绿色基金等产品和服务,增强金融服务绿色发展、绿色转型的能力。

4. 积极倡导绿色文明的生活方式。实施国家节水运动,把节水提升至国家战略层面;探索打通生产和消费环节的方式方法,更好地推进循环经济发展;开展反过度包装、反食品浪费、反过度消费等活动,推动形成勤俭节约的社会风尚;推崇简约适度、绿色低碳的生活方式,开展创建节约型机关、绿色家庭、绿色学校、绿色社区和绿色出行等行动。

44. 多层次社会保障体系

 重要背景

　　为适应计划经济体制向社会主义市场经济体制转变的要求,自20世纪80年代初期开始,我国拉开了社会保障制度改革的序幕。

　　1993年11月,党的十四届三中全会通过的《中共中央关于建立社会主义市场经济体制若干问题的决定》认为"社会保障体系包括社会保险、社会救济、社会福利、优抚安置和社会互助、个人储蓄积累保障","建立多层次的社会保障体系,对于深化企业和事业单位改革,保持社会稳定,顺利建立社会主义市场经济体制具有重大意义。"

　　2003年10月,党的十六届三中全会通过的《中共中央关于完善社会主义市场经济体制若干问题的决定》提出"加快建设与经济发展水平相适应的社会保障体系"。

　　2013年11月,党的十八届三中全会通过的《中共中央关于全面深化改革若干重大问题的决定》进一步强调"建立更加公平可持续的社会保障制度",要求通过"制定实施免税、延期征税等优惠政策,加快发展企业年金、职业年金、商业保险,构建多层次社会保障体系"。

□ 简明要义

社会保障体系是由社会保险、社会福利、社会救助、社会优抚等一系列制度构成的相互联系、相辅相成的有机整体,是一项保障人民生活、调节社会分配、促进社会和谐的基本制度。全面建成多层次社会保障体系,"兜底线、织密网、建机制"是基本要求,"覆盖全民、城乡统筹、权责清晰、保障适度、可持续"是奋斗目标。

1. 全面建成多层次社会保障体系是社会主要矛盾变化的必然要求。中国特色社会主义进入新时代,我国社会主要矛盾已经转化为人民日益增长的美好生活需要和不平衡不充分的发展之间的矛盾,这就需要有效发挥社会保障体系的托底功能,保障困难群众生活,解除人民生活的后顾之忧。

2. 全面建成多层次社会保障体系是全面建成小康社会的应有之义。不断扩大社会保障覆盖面,合理缩小社会保障领域的城乡差距,使保障水平符合经济发展实际,确保各类社会保险基金稳定运行,既是社会保障体系自身的发展完善,也与全面建成小康社会目标相契合。

3. 全面建成多层次社会保障体系是坚持以人民为中心的集中体现。人民是决定党和国家前途命运的根本力量,带领人民创造美好生活,是中国共产党始终不渝的奋斗目标,多层次社会保障体系的历史使命就是在发展中补齐民生短板、促进社会公平正义,在幼有所育、学有所教、劳有所得、病有所医、老有所养、住有所居、弱有所扶上不断取得新进展。

□ 实践指导

1. 健全社会保险制度体系。全面实施全民参保计划,基本实现法定人员全覆盖,重点覆盖中小微企业和广大农民工、灵活就业人员、新就业形态人员、未参保居民等群体,做到不分城乡、不分年龄、不分职业,一个都不少。全面推进养老保险制度改革,完善社会统筹与个人账户相结合的城镇职工基本养老保险制度,规范城乡居民基本养老保险政策,努力实现养老保险全国统筹,均衡地区间和企业、个人负担,促进居民合理流动。完善统一的城乡居民基本医疗保险制度和大病保险制度,切实提高医疗保障水平,缓解困难人群的疾病风险。完善失业、工伤保险制度,维护失业人员和工伤人员的基本权益。

2. 建立统一的社会保险公共服务平台。以全国一体的社会保险经办服务体系和信息系统为依托,以社会保障卡为载体,以实体窗口、互联网平台、电话咨询、自助查询等多种方式为服务手段,为参保单位和参保人员提供全网式、全流程的方便快捷服务,满足人民群众对优质高效公共服务的要求和期盼。

3. 统筹社会救助体系。完善最低生活保障制度,推进城乡统筹,实现应保尽保。建立健全残疾人基本福利制度,完善扶残助残服务体系。保障妇女儿童合法权益,健全农村留守儿童和妇女、老年人关爱服务体系。完善社会救助、社会福利、慈善事业、优抚安置等制度。加快建立多主体供给、多渠道保障、租购并举的住房制度,保证住有所居。

4. 鼓励社会资本参与社会保障体系建设。在以政府为主体,不断完善社会保险、社会福利、社会救助、社会优抚等制度的同时,支持社会资本参与建设多层次保障体系,积极构建基本养老保险、职业年金与个人储蓄性养老保险、商业保险的衔接,推进基本医疗保险、大病保险、补充医疗保险和商业健康保险的协同,以满足人民群众多样化多层次的保障需求。

45. 僵尸企业

 重要背景

2015 年 11 月,李克强总理在主持召开国务院常务会议时明确提出,要加快推进"僵尸企业"重组整合或退出市场,加大支持国企解决历史包袱。12 月初,在经济问题专家座谈会上,李克强总理重申,要加快落后产能淘汰和"僵尸企业"退出,促进企业效益和资源配置效率回升。

2017 年 2 月,习近平总书记主持召开中央财经领导小组第十五次会议指出,深入推进去产能,要抓住处置"僵尸企业"这个"牛鼻子"。有关部门、地方政府、国有企业和金融机构要把思想和认识统一到党中央要求上来,坚定不移处置"僵尸企业"。

2018 年 11 月,国家发展改革委等 11 部门联合下发《关于进一步做好"僵尸企业"及去产能企业债务处置工作的通知》,明确各地区应建立"僵尸企业"及去产能企业债务处置工作机制,"原则上应在 2020 年底前完成全部处置工作"。"僵尸企业"债务处置有了时间表,加快"僵尸企业"出清增添了新招,供给侧结构性改革又迈出了坚实的一步。

2018年12月召开的中央经济工作会议提出,要稳步推进企业优胜劣汰,加快处置"僵尸企业",制定退出实施办法,促进新技术、新组织形式、新产业集群形成和发展。

□ 简明要义

"僵尸企业",是指丧失自我发展能力,必须依赖非市场因素即政府补贴或银行续贷来维持生存的企业。尽管这些企业不产生效益,却依然占有土地、资本、劳动力等要素资源,严重妨碍了新技术、新产业等新动能的成长。"僵尸企业"不同于因问题资产陷入困境的问题企业,能很快起死回生,"僵尸企业"的特点是"吸血"的长期性、依赖性,而放弃对"僵尸企业"的救助,社会局面可能更糟,因此具有绑架勒索性的特征。

在供给侧结构性改革中,处置"僵尸企业"是一个重要环节。通过破产清算和重整司法程序,让"僵尸企业""入土为安",就能腾出宝贵的实物资源、信贷资源和市场空间,助力经济转型升级。

1.解决围绕"僵尸企业"形成的各类债务链条,从根本上化解系统性金融风险。破产企业往往债务缠身、经营乏力,甚至还有连环担保、相互担保等债务,如果不及时有效清理,极易形成行业性、区域性金融危机。尽早使"僵尸企业"进入破产程序,可以整体了结企业债务链条,一揽子解决由此形成的债务困局、防范系统性危机。

2.破产程序提供了"破"和"救"的不同措施,可以双管齐下,既能解决"僵尸企业"淘汰出清问题,也可以对具有拯救价值的企业进行挽救。

3.破产程序是市场经济优胜劣汰规律的法律体现,也是评价一个国家营商环境的重要因素。通过破产程序处置"僵尸企业"可以树立我国依法治国的良好形象,改善我国的营商环境,有利于我国对外开放事业的发展。

□ 实践指导

1.支持资产处置盘活存量资产。在防范国有资产流失的前提下,进一步明确、规范国有资产转让相关程序,提高审批效率,完善"僵尸企业"及去产能企业债务抵押物处置规则。积极利用产权交易所、租赁、资产证券化等多方式充分盘活"僵尸企业"及去产能企业有效资产,用于清偿债务。

2.落实完善相关金融信贷政策。对债务处置不到位、资产负债水平持续超出合理水平且按时偿付到期债务有困难的"僵尸企业",监管部门应严格展期续贷、借新还旧、关联企业担保贷款等业务的实施条件,禁止给予金融机构特殊监管政策支持,并对操作不规范的金融机构实施必要的惩戒。

3.落实并完善相关社会保障和财税政策。完善社会保障体系,充分发挥社会保障制度的兜底作用。落实好现有企业破产重整的税收支持政策,并根据实际情况研究相关政策。

4.支持有效开展土地再利用。"僵尸企业"及去产能企业依法取得的国有土地可交由地方政府收回,地方各级人民政府收回原土地使用权后的出让收入,可按规定通过预算安排用于支付企业职工安置费用。

5.完善重整企业信用修复机制。重整计划执行过程中,企业可申请在全国信用信息共享平台、国家企业信用信息公示系统和金融信用信息基础数据库的大事记信息中添加相关信息,以及时反映企业最近生产经营状况。

46. 金融和实体经济良性循环

 重要背景

2017 年 7 月，全国金融工作会议召开，习近平总书记在讲话中指出，"必须加强党对金融工作的领导，坚持稳中求进工作总基调，遵循金融发展规律，紧紧围绕服务实体经济、防控金融风险、深化金融改革三项任务，创新和完善金融调控，健全现代金融企业制度，完善金融市场体系，推进构建现代金融监管框架，加快转变金融发展方式，健全金融法治，保障国家金融安全，促进经济和金融良性循环、健康发展。"

2017 年 12 月召开的中央经济工作会议提出，"打好防范化解重大风险攻坚战，重点是防控金融风险，要服务于供给侧结构性改革这条主线，促进形成金融和实体经济、金融和房地产、金融体系内部的良性循环。"2018 年 12 月召开的中央经济工作会议也强调，"要畅通国民经济循环，加快建设统一开放、竞争有序的现代市场体系，提高金融体系服务实体经济能力，形成国内市场和生产主体、经济增长和就业扩大、金融和实体经济良性循环。"

□ 简明要义

在现代经济中,金融已经渗透到社会生活的方方面面,是贯通生产、分配、交换、消费各个环节的桥梁,企业投资、家庭储蓄、政府宏观调控,以及对外贸易等等,无不与金融息息相关。

金融是一把双刃剑。金融机构与金融市场通过动员储蓄、分配资源、监督职业经理人、分散风险和促进商品、服务及合同贸易等手段,能够有效降低信息成本和交易成本,促进资本积累和技术创新,推动经济增长。但是金融也是过度投机和虚假繁荣的温床,借助金融产品的反复买卖,金融可以自转、空转,并诱使实体经济脱实向虚,后者反过来又会强化金融的自我循环,从而累积风险。

习近平总书记强调,"金融制度是经济社会发展中重要的基础性制度","金融安全是国家安全的重要组成部分","金融是国家重要的核心竞争力",经济的发展离不开金融的资源配置和宏观调控功能,而经济发展成果的巩固离不开金融的安全稳定,形成金融和实体经济良性循环,守住不发生系统性金融风险的底线,关系国家经济社会可持续发展的大局。

□ 实践指导

习近平总书记强调,"金融是实体经济的血脉,为实体经济服务是金融的天职,是金融的宗旨,也是防范金融风险的根本举措","要把为实体经济服务作为出发点和落脚点,全面提升服务效率和水平,把更多金融资源配置到经济社会发展的重点领域和薄弱环节,更好满足人民群众和实体经济多样化的金融需求"。

1. 把发展直接融资放在重要位置,形成融资功能完备、基础制度扎实、市场监管有效、投资者合法权益得到有效保护的多层次资本市场体系;改善间接融资结构,推动国有大银行战略转型,发展中小银行和民营金融机构,疏通金融进入实体经济特别是中小企业、小微企业的管道;促进保险业发挥长期稳健风险管理和保障的功能。

2. 建设普惠金融体系。加强对小微企业、"三农"和偏远地区的金融服务,推进金融精准扶贫,鼓励发展绿色金融。

3. 促进金融机构降低经营成本。完善现代金融企业制度,完善公司法人治理结构,优化股权结构,建立有效的激励约束机制;促进各类金融机构加快转变经营模式,做优主业,做精专业;降低金融机构收费标准,清理规范中间环节,缩短资金链条,避免以"通道"、"名股实债"等方式变相抬高实体经济融资成本。

4. 健全金融监管体系。统筹监管系统重要性金融机构,统筹监管金融控股公司和重要金融基础设施,统筹负责金融业综合统计,确保金融系统良性运转,确保管理部门把住重点环节,确保风险防控耳聪目明,形成金融发展和监管强大合力,补齐监管短板,避免监管空白。

5. 扩大金融对外开放。深化人民币汇率形成机制改革,稳步推进人民币国际化,稳步实现资本项目可兑换;尽早落实已确定的重大开放举措,积极稳妥推动金融业对外开放,合理安排开放顺序;推进"一带一路"建设,搞好相关制度设计,完善全球经济金融治理,提高世界经济抗风险能力,彰显我国在维护全球金融稳健发展中的大国担当。

47. 工匠精神

重要背景

2016 年 3 月的《政府工作报告》中指出："鼓励企业开展个性化定制、柔性化生产，培育精益求精的工匠精神，增品种、提品质、创品牌。"

□ 简明要义

工匠精神在个人层面，是一种认真、敬业、奉献的职业素养；在企业层面，是一种创新、执着、向上的企业家精神和企业文化；在国家层面，是所有行业和全体劳动者努力追求的精益求精、笃实专注、不懈创新等精神特质。

在我国深化供给侧结构性改革，加快制造业转型升级，支持"双创"的大背景下，培育和弘扬工匠精神，不仅可以激励各行各业劳动者认真、敬业投身创新创业，而且对于打造中国品牌，提高中国制造、中国创造的品质，都具有重要意义。具体说，提倡工匠精神是促进我国制造业转型升级的需要，是实施"一带一路"建设、推动中国制造走出去、提升国家形象的需要，是满足个性化定制、柔性化生产的需要。

□ 实践指导

培育新时期工匠精神是一个系统工程。要按照党的十九大的决策部署，紧紧围绕制造强国战略，深化供给侧结构性改革力度，厚植工匠精神孕育生长的制度土壤，使工匠精神真正成为制造强国建设的价值内核与动力源泉，持续推动中国制造向中国创造、中国速度向中国质量、中国产品向中国品牌转变。具体包括：一要树立正确导向，营造尊重劳动和崇尚技能的社会氛围；二要加大投入力度，健全技能人才培养和评价体系；三要发挥各方作用，形成追求卓越的激励约束机制；四要推进工学结合、知行合一、德技并修，建立以能力为导向的职业技能等级制度，造就高素质产业大军。

48.更高质量和更充分就业

 **重要背景**

党的十八大报告提出:"推动实现更高质量的就业。"同时将"社会就业更加充分"作为全面建成小康社会的目标之一。党的十八大以来,以习近平同志为核心的党中央高度重视就业问题,并采取重大措施予以解决,取得了重大进展。

☐ 简明要义

更高质量就业主要是指充分的就业机会、公平的就业环境、良好的就业能力、合理的就业结构、和谐的劳动关系等,就业具有更高的稳定性、合理性和可预期性。更充分就业主要是指就业规模不断扩大,就业人口不断增多,失业率得到有效控制。

就业是最大的民生,也是经济发展最基本的支撑。实现更高质量和更充分就业,有利于劳动力的合理配置,劳动者积极性和潜力的充分发挥,促进经济持续健康发展;有利于通过不断提升就业质量、扩大就业规模,构建巩固和谐的劳动关系,为构建和谐社会奠定良好基础。

□ 实践指导

实现更高质量和更充分就业,要坚持就业优先战略和积极就业政策。一是要大规模开展职业技能培训,注重解决结构性就业矛盾,鼓励创业带动就业;二是要提供全方位公共就业服务,促进高校毕业生等青年群体、农民工多渠道就业创业;三是破除妨碍劳动力、人才社会性流动的体制机制弊端,使人人都有通过辛勤劳动实现自身发展的机会;四是完善政府、工会、企业共同参与的协商协调机制,构建和谐劳动关系。

49. 社会保障体系建设

 重要背景

新中国成立后特别是改革开放以来,我们党十分重视社会保障问题。党的十八大以来,以习近平同志为核心的党中央强调要加强社会保障体系建设,把更多公共资源用于完善社会保障体系。

□ 简明要义

社会保障是保障人民生活、调节社会分配的一项基本制度。完善社会保障体系就是不断完善以社会保险、社会救助、社会福利为基础,以基本养老、基本医疗、最低生活保障制度为重点,以慈善事业、商业保险为补充的社会保障。

加强社会保障体系建设,是践行我们党全心全意为人民服务根本宗旨的具体体现,是经济社会协调发展的必然要求,是社会稳定和国家长治久安的重要保证。具体说来,具有维护稳定的作用,完善的社会保障制度是减少社会动荡的"稳定器"。具有促进公平的作用,社会公平正义是社会和谐的基本条件,制度是社会公平正义的根本保证。具有满足需求的作用,保障城乡居民的基本生活和基本医疗需求,是社会和谐的基础和前提,也是社会保障的核心功能。具有推动发展的作用,完善的社会保障制度是经济社会发展的"推进器"。具有保证生产的作用,通过对城乡居民的收入保障和医疗服务保障,为劳动力的再生产提供了物质基础,从而使劳动者的劳动能力得以恢复和再生产。

□ 实践指导

按照兜底线、织密网、建机制的要求,全面建成覆盖全民、城乡统筹、权责清晰、保障适度、可持续的多层次社会保障体系。全面实施全民参保计划。完善城镇职工基本养老保险和城乡居民基本养老保险制度,尽快实现养老保险全国统筹。完善统一的城乡居民基本医疗保险制度和大病保险制度。完善失业、工伤保险制度。建立全国统一的社会保险公共服务平台。统筹城乡社会救助体系,完善最低生活保障制度。坚持男女平等基本国策,保障妇女儿童合法权益。完善社会救助、社会福利、慈善事业、优抚安置等制度,健全农村留守儿童和妇女、老年人关爱服务体系。发展残疾人事业,加强残疾康复服务。坚持"房子是用来住的、不是用来炒的"定位,加快建立多主体供给、多渠道保障、租购并举的住房制度,让全体人民住有所居。

50. 坚持在发展中保障和改善民生

 重要背景

　　党的十八大以来,以习近平同志为核心的党中央坚持以人民为中心,把增进民生福祉作为发展的根本目的,着眼在发展中补齐民生短板,改革发展成果更多更公平惠及全体人民。习近平总书记在党的十九大报告中指出,"坚持在发展中保障和改善民生"。

□ 简明要义

　　增进民生福祉是发展的根本目的。必须多谋民生之利、多解民生之忧,在发展中补齐民生短板、促进社会公平正义,在幼有所育、学有所教、劳有所得、病有所医、老有所养、住有所居、弱有所扶上不断取得新进展,深入开展脱贫攻坚,保证全体人民在共建共享发展中有更多获得感,不断促进人的全面发展、全体人民共同富裕。建设平安中国,加强和创新社会治理,维护社会和谐稳定,确保国家长治久安、人民安居乐业。

民生是人民幸福之基、社会和谐之本。保障和改善民生，是社会主义社会的本质要求，是我们党立党为公、执政为民的使命所在。新时代我国社会主要矛盾转化为人民日益增长的美好生活需要和不平衡不充分的发展之间的矛盾，对继续在发展中保障和改善民生提出新的更高要求。只有坚持在发展中保障和改善民生，在推动经济持续健康发展的基础上，更好满足人民在经济、政治、文化、社会、生态文明等方面日益增长的需要，保证全体人民在共建共享发展中有更多获得感，才能不断促进人的全面发展、全体人民共同富裕，充分体现社会主义制度的优越性。

□ 实践指导

1. 把发展作为我们党执政兴国的第一要务，把人民是否真正得到了实惠，人民生活是否真正得到了改善，人民权益是否真正得到了保障，作为衡量发展成效的根本标准，让发展更好地回应人民的期待、更公平地惠及全体人民。

2. 抓住人民最关心最直接最现实的利益问题，抓住最需要关心的人群，统筹做好教育、就业、收入分配、社会保障、医疗卫生等方面工作，让群众看到变化、得到实惠。

3. 坚守底线、突出重点、完善机制，引导预期，完善公共服务体系，保障群众基本生活，坚决打赢脱贫攻坚战，在精准施策上出实招，在精准推进上下实功，在精准落地上见实效，决不能落下一个贫困地区、一个贫困群众。

4.不断促进社会公平正义,既要做大"蛋糕",又要分好"蛋糕",逐步建立以权利公平、机会公平、规则公平为主要内容的社会公平保障体系,让每个人获得发展自我和奉献社会的机会,共同享有人生出彩的机会。

51. 发展实体经济

 重要背景

党的十八大以来,以习近平同志为核心的党中央把振兴实体经济摆到了更加突出的位置,多次强调国家强大要靠实体经济,把实体经济抓上去。

在党的十九大报告中,习近平总书记进一步指出:"建设现代化经济体系,必须把发展经济的着力点放在实体经济上,把提高供给体系质量作为主攻方向,显著增强我国经济质量优势。"

2017年12月,习近平总书记在徐工集团考察时强调:"中国这么大,必须始终高度重视发展壮大实体经济,不能走单一发展、脱实向虚的路子。"

2018年1月,习近平总书记在致全国个体劳动者第五次代表大会的贺信中要求,广大个体私营企业经营者要"坚守实体经济,落实高质量发展"。

2018年1月,习近平总书记在中央政治局第三次集体学习时又强调:"要大力发展实体经济,筑牢现代化经济体系的坚实基础。"

□ 简明要义

实体经济相对于虚拟经济而言,指的是生产和提供能够满足人们某方面实际需要的产品和服务的经济活动,不仅包括所有的物质产品生产,也包括为生产和生活提供实际服务的行业。发展实体经济,就是要用新经济、新业态、新动能的蓬勃力量,推动传统产业尤其是实体经济更好适应经济转型,从而提高竞争力,更好满足人民群众不断提升的消费需求。

实体经济是国民经济的基石,是大国经济的立身之本,是财富创造的根本源泉,是国家强盛的重要支柱。大力发展实体经济,是党中央立足全局、面向未来作出的重大战略抉择,是激发经济发展新动能、实现稳中求进的关键性政策部署。它对于适应把握引领经济发展新常态、加快新旧动能接续转换,抓住新一轮科技革命和产业变革机遇、打造国际竞争新优势,增强国家综合实力和国际竞争力、满足人民日益增长的美好生活需要,决胜全面建成小康社会、实现"两个一百年"奋斗目标,都具有十分重大的意义。

□ 实践指导

1.继续扩大制造业总规模,壮大实体经济。经过新中国成立以来60多年的发展,我国已成为世界制造业第一大国,已处于工业化中期向工业化后期过渡阶段。要挖掘巨大潜力,充分发展壮大,更好满足人民群众日益增长的美好生活需要。

2.加快提升制造业产品质量,做优实体经济。适应结构转型和消费需求结构升级的需要,提高制造业产品质量,拓展国内外市场,激发和释放国内外需求对经济增长的拉动力。

3.适应新技术革命蓄势待发的大趋势,提升实体经济。着眼互联网、物联网、机器人技术、人工智能、3D打印、新型材料等为主要内容的新一轮技术革命的孕育和发展,适应建立在新技术基础上的新产业、新业态、新模式的不断兴起,把科技创新置于核心位置,不断提升创造新产品、发展新业态、开辟新市场、研发新技术的能力,在未来的国际竞争中立于不败之地。

52. 创新驱动发展战略

 重要背景

  2012年11月,党的十八大报告提出:"科技创新是提高社会生产力和综合国力的战略支撑,必须摆在国家发展全局的核心位置。"强调要坚持走中国特色自主创新道路、实施创新驱动发展战略。这是党中央在新的发展阶段确立的立足全局、面向全球、聚焦关键、带动整体的国家重大发展战略。

  2015年10月,党的十八届五中全会把创新作为新发展理念之首,提出创新是引领发展的第一动力,必须把发展基点放在创新上,塑造更多依靠创新驱动、更多发挥先发优势的引领型发展。

  2016年5月,中共中央、国务院印发了《国家创新驱动发展战略纲要》,对创新驱动发展战略进行顶层设计和系统谋划,明确了未来30年创新驱动发展的目标、方向和重点任务。这是新时期推进创新工作的纲领性文件,也是建设创新型国家的行动指南。

□ 简明要义

创新驱动就是创新成为引领发展的第一动力，科技创新与制度创新、管理创新、商业模式创新、业态创新和文化创新相结合，推动经济发展方式向依靠持续的知识积累、技术进步和劳动力素质提升转变，促进经济向形态更高级、分工更精细、结构更合理的阶段演进。

1. 国家力量的核心支撑是科技创新能力。创新强则国运昌，创新弱则国运殆。实现中华民族伟大复兴中国梦，必须真正用好科学技术这个最高意义上的革命力量和有力杠杆。

2. 依靠创新驱动打造发展新引擎，培育新的经济增长点，持续提升我国经济发展的质量和效益，从而实现经济保持中高速增长和产业迈向中高端水平。

3. 实施创新驱动发展战略，逐渐实现由低成本优势向创新优势的转换，形成国际竞争新优势，可以为我国经济持续健康发展提供强大动力。

4. 科技创新具有乘数效应，不仅可以直接转化为现实生产力，而且可以通过科技的渗透作用放大各生产要素的生产力，提高社会整体生产力水平。

5. 实施创新驱动发展战略，推动产业技术创新，用高新技术和先进适用技术改造提升传统产业，既可以降低消耗、减少污染，又可以提升产业竞争力。

□ 实践指导

1.细化战略目标。将我国建设创新型国家的目标进行分解和细化,建立完成目标的组织架构和任务体系,让各部门、各层面、各单位按照明确的目标任务推进。

2.提高自主创新能力。一是要瞄准国际创新趋势、特点进行自主创新,使我国的自主创新站在国际技术发展前沿;二是要将优势资源整合聚集到战略目标上,力求在重点领域、关键技术上取得重大突破;三是要进行多种模式的创新,既可以在优势领域进行原始创新,也可以对现有技术进行集成创新,还可以加强对引进技术的消化吸收再创新。

3.构建以企业为主体、市场为导向、产学研相结合的技术创新体系。一方面,进一步确立企业的主体地位,让企业成为技术需求选择、技术项目确定的主体,成为技术创新投入和创新成果产业化的主体。另一方面,构建高校、研发机构、中介机构以及政府、金融机构等分工协作、有机结合的创新链,形成有中国特色的协同创新体系。

4.坚持"三个面向",即面向世界科技前沿、面向经济主战场、面向国家重大需求,这是我国科技创新的主攻方向。推进科技创新,建设科技强国,首先必须选择好方向,确定好重点领域,然后实施科技攻坚。

53. 乡村振兴战略

 重要背景

2017 年 10 月,习近平总书记在中国共产党第十九次全国代表大会报告中首次提出实施乡村振兴战略。这是我们党在全面认识和把握我国发展阶段性特征基础上,从党和国家事业发展全局出发作出的一项重大战略决策。

2018 年 1 月,中共中央、国务院印发了《关于实施乡村振兴战略的意见》强调,实施乡村振兴战略,是党的十九大作出的重大决策部署,是决胜全面建成小康社会、全面建设社会主义现代化国家的重大历史任务,是新时代"三农"工作的总抓手。

2018 年 9 月,中共中央政治局就实施乡村振兴战略进行第八次集体学习。习近平总书记在主持学习时强调,乡村振兴战略是党的十九大提出的一项重大战略,我们要加深对这一重大战略的理解,始终把解决好"三农"问题作为全党工作重中之重,明确思路,深化认识,切实把工作做好,促进农业全面升级、农村全面进步、农民全面发展。

2018 年 9 月,中共中央、国务院印发了《乡村振兴战略规划

（2018—2022年）》提出，党的十九大提出实施乡村振兴战略，是以习近平同志为核心的党中央着眼党和国家事业全局，深刻把握现代化建设规律和城乡关系变化特征，顺应亿万农民对美好生活的向往，对"三农"工作作出的重大决策部署。

□ 简明要义

乡村是具有自然、社会、经济特征的地域综合体，兼具生产、生活、生态、文化等多重功能，与城镇互促互进、共生共存，共同构成人类活动的主要空间。乡村兴则国家兴，乡村衰则国家衰。实施乡村振兴战略，是解决新时代我国社会主要矛盾、实现"两个一百年"奋斗目标和中华民族伟大复兴中国梦的必然要求，具有重大现实意义和深远历史意义。

实施乡村振兴战略是建设现代化经济体系的重要基础。农业是国民经济的基础，农村经济是现代化经济体系的重要组成部分。乡村振兴，产业兴旺是重点。实施乡村振兴战略，深化农业供给侧结构性改革，构建现代农业产业体系、生产体系、经营体系，实现农村一二三产业深度融合发展，有利于推动农业从增产导向转向提质导向，增强我国农业创新力和竞争力，为建设现代化经济体系奠定坚实基础。

实施乡村振兴战略是建设美丽中国的关键举措。农业是生态产品的重要供给者，乡村是生态涵养的主体区，生态是乡村最大的发展优势。乡村振兴，生态宜居是关键。实施乡村振兴战略，统筹山水林田湖草系统治理，加快推行乡村绿色发展方式，加强农村人居环境整治，有利于构建人与自然和谐共生的乡村发展新格局，实现百姓富、生态美的统一。

实施乡村振兴战略是传承中华优秀传统文化的有效途径。中华文明根植于农耕文化，乡村是中华文明的基本载体。乡村振兴，乡风文明是保障。实施乡村振兴战略，深入挖掘农耕文化蕴含的优秀思想观念、人文精神、道德规范，结合时代要求在保护传承的基础上创造性转化、创新性发展，有利于在新时代焕发出乡风文明的新气象，进一步丰富和传承中华优秀传统文化。

实施乡村振兴战略是健全现代社会治理格局的固本之策。社会治理的基础在基层，薄弱环节在乡村。乡村振兴，治理有效是基础。实施乡村振兴战略，加强农村基层基础工作，健全乡村治理体系，确保广大农民安居乐业、农村社会安定有序，有利于打造共建共治共享的现代社会治理格局，推进国家治理体系和治理能力现代化。

实施乡村振兴战略是实现全体人民共同富裕的必然选择。农业强不强、农村美不美、农民富不富，关乎亿万农民的获得感、幸福感、安全感，关乎全面建成小康社会全局。乡村振兴，生活富裕是根本。实施乡村振兴战略，不断拓宽农民增收渠道，全面改善农村生产生活条件，促进社会公平正义，有利于增进农民福祉，让亿万农民走上共同富裕的道路，汇聚起建设社会主义现代化强国的磅礴力量。

□ 实践指导

1. 提升农业发展质量，培育乡村发展新动能。乡村振兴，产业兴旺是重点。必须坚持质量兴农、绿色兴农，以农业供给侧结构性改革为主线，加快构建现代农业产业体系、生产体系、经营体系，提高农业创新力、竞争力和全要素生产率，加快实现由农业大国向农业强国转变。

2. 推进乡村绿色发展,打造人与自然和谐共生发展新格局。乡村振兴,生态宜居是关键。良好生态环境是农村最大优势和宝贵财富。必须尊重自然、顺应自然、保护自然,推动乡村自然资本加快增值,实现百姓富、生态美的统一。

3. 繁荣兴盛农村文化,焕发乡风文明新气象。乡村振兴,乡风文明是保障。必须坚持物质文明和精神文明一起抓,提升农民精神风貌,培育文明乡风、良好家风、淳朴民风,不断提高乡村社会文明程度。

4. 加强农村基层基础工作,构建乡村治理新体系。乡村振兴,治理有效是基础。必须把夯实基层基础作为固本之策,建立健全党委领导、政府负责、社会协同、公众参与、法治保障的现代乡村社会治理体制,坚持自治、法治、德治相结合,确保乡村社会充满活力、和谐有序。

5. 提高农村民生保障水平,塑造美丽乡村新风貌。乡村振兴,生活富裕是根本。要坚持人人尽责、人人享有,按照抓重点、补短板、强弱项的要求,围绕农民群众最关心最直接最现实的利益问题,一件事情接着一件事情办,一年接着一年干,把乡村建设成为幸福美丽新家园。

6. 打好精准脱贫攻坚战,增强贫困群众获得感。乡村振兴,摆脱贫困是前提。必须坚持精准扶贫、精准脱贫,把提高脱贫质量放在首位,既不降低扶贫标准,也不吊高胃口,采取更加有力的举措、更加集中的支持、更加精细的工作,坚决打好精准脱贫这场对全面建成小康社会具有决定性意义的攻坚战。

7. 推进体制机制创新,强化乡村振兴制度性供给。实施乡村振兴战略,必须把制度建设贯穿其中。要以完善产权制度和要素市场化配置为重点,激活主体、激活要素、激活市场,着力增强改革的系统性、整体性、协同性。

8. 汇聚全社会力量,强化乡村振兴人才支撑。实施乡村振兴战略,必须破解人才瓶颈制约。要把人力资本开发放在首要位置,畅通智力、技术、管理下乡通道,造就更多乡土人才,聚天下人才而用之。

9.开拓投融资渠道,强化乡村振兴投入保障。实施乡村振兴战略,必须解决钱从哪里来的问题。要健全投入保障制度,创新投融资机制,加快形成财政优先保障、金融重点倾斜、社会积极参与的多元投入格局,确保投入力度不断增强、总量持续增加。

10.坚持和完善党对"三农"工作的领导。实施乡村振兴战略是党和国家的重大决策部署,各级党委和政府要提高对实施乡村振兴战略重大意义的认识,真正把实施乡村振兴战略摆在优先位置,把党管农村工作的要求落到实处。

54. 城乡融合发展

 重要背景

2012年11月,党的十八大报告提出:"加大统筹城乡发展力度,增强农村发展活力,逐步缩小城乡差距,促进城乡共同繁荣","推动城乡发展一体化","加快完善城乡发展一体化体制机制,着力在城乡规划、基础设施、公共服务等方面推进一体化,促进城乡要素平等交换和公共资源均衡配置,形成以工促农、以城带乡、工农互惠、城乡一体的新型工农、城乡关系。"

2013年11月,党的十八届三中全会通过的《中共中央关于全面深化改革若干重大问题的决定》进一步提出"健全城乡发展一体化体制机制","推进城乡要素平等交换和公共资源均衡配置","统筹城乡基础设施建设和社区建设,推进城乡基本公共服务均等化。"

2015年4月,中共中央政治局就城乡发展一体化体制机制进行第二十二次集体学习,习近平总书记在主持学习时强调,加快推进城乡发展一体化,是党的十八大提出的战略任务,也是落实"四个全面"战略布局的必然要求。

在此基础上,党的十九大报告正式提出城乡融合发展,建立健全城乡融合发展体制机制和政策体系。

2017 年 12 月召开的中央经济工作会议指出:健全城乡融合发展体制机制,清除阻碍要素下乡各种障碍。

□ 简明要义

城乡融合发展主要是指城乡共同发展,城乡共同繁荣。城乡融合是城乡协调发展的核心。当前,我国经济实力和综合国力显著增强,具备了支撑城乡融合发展的物质技术条件,到了工业反哺农业、城市支持农村的发展阶段。顺应我国发展的新特征新要求,必须加强发挥制度优势,加强体制机制建设,把工业反哺农业、城市支持农村作为一项长期坚持的方针,坚持和完善实践证明行之有效的强农惠农富农政策,动员社会各方面力量加大对"三农"的支持力度,努力形成城乡融合发展的新格局。党的十九大报告提出城乡融合发展、建立健全城乡融合发展体制机制和政策体系具有重要意义:

1. 实现城乡融合发展被提到更高程度,成为更加紧迫的任务。意味着党中央对统筹城乡发展、实现城乡发展一体化的认识明显深化。

2. 城乡发展不协调,是我国长期以来的基本国情,城乡二元结构是制约城乡发展一体化的主要障碍。城乡融合发展就是要从根本上解决城乡二元结构和城乡发展不协调问题。建立健全城乡融合发展体制机制和政策体系,就是要找出解决城乡二元结构和城乡发展不协调的具体办法和途径,让城乡融合发展真正落实见成效。

3. 建立健全城乡融合发展体制机制和政策体系是坚持农业农村优

先发展和加快推进农业现代化的必然要求,是实施乡村振兴战略的重要方面。

4. 我国经济已转向高质量发展阶段,为了更好地建设现代化经济体系,激发全社会创新力和发展活力,实现更高质量、更有效率、更加公平、更可持续的发展,必须实现城乡融合发展。

□ 实践指导

1. 加快完善现代市场体系,建立城乡统一的建设用地市场。在符合规划和用途管制前提下,允许农村集体经营性建设用地出让、租赁、入股,实行与国有土地同等入市、同权同价。完善土地租赁、转让、抵押二级市场。

2. 健全和完善城乡发展一体化体制机制,形成以工促农、以城带乡、工农互惠、城乡一体的新型工农、城乡关系。推进城乡要素平等交换和公共资源均衡配置。统筹城乡基础设施建设和社区建设,推进城乡基本公共服务均等化。保障农民工同工同酬,保障农民公平分享土地增值收益。改革农业补贴制度,完善粮食主产区利益补偿机制。

3. 推进社会事业改革创新。大力促进教育公平,健全家庭经济困难学生资助体系,构建利用信息化手段扩大优质教育资源覆盖面的有效机制,逐步缩小区域、城乡、校际差距。完善城乡均等的公共就业创业服务体系,构建劳动者终身职业培训体系。形成合理有序的收入分配格局。努力缩小城乡、区域、行业收入分配差距。统筹推进城乡社会保障体系建设。

55. 蓝天保卫战

 重要背景

2013 年，国务院印发《大气污染防治行动计划》即"大气十条"。到2017 年，"大气十条"确定的目标如期实现，全国空气质量总体改善，京津冀、长三角、珠三角等重点区域改善明显，也有力推动了产业、能源和交通运输等重点领域结构优化，大气污染防治的新机制基本形成。

在党的十九大报告中，习近平总书记提出，坚持全民共治、源头防治，持续实施大气污染防治行动，打赢蓝天保卫战。

2018 年 6 月，国务院总理李克强主持召开国务院常务会议，部署实施蓝天保卫战三年行动计划。

2018 年 6 月，国务院印发《打赢蓝天保卫战三年行动计划》。

□ 简明要义

蓝天保卫战是我国政府部署的一项污染防治行动计划，旨在持续改善空气质量,为群众留住更多蓝天。打赢蓝天保卫战,要紧紧扭住"四个重点",即重点防控污染因子是 PM2.5,重点区域是京津冀及周边、长三角和汾渭平原,重点时段是秋冬季和初春,重点行业和领域是钢铁、火电、建材等行业以及"散乱污"企业、散煤、柴油货车、扬尘治理等领域。打赢蓝天保卫战,事关满足人民日益增长的美好生活需要,事关全面建成小康社会,事关经济高质量发展和美丽中国建设。

1. 中国已进入从强调"发展速度"转变为强调"发展质量"的新阶段,呼吸上清洁的空气、享受良好环境带来的安全、健康和舒适,是人民群众对美好生活的重要需求。打赢蓝天保卫战,及时准确地响应了人民群众的诉求,也能为中国经济增长提供新动能。

2. 打赢蓝天保卫战,能调整优化产业结构,推进产业绿色发展。通过加大落后产能淘汰和过剩产能压减力度,壮大绿色产业规模,发展节能环保产业、清洁生产产业、清洁能源产业,培育发展新动能,能够优化产业结构,符合新发展理念中绿色发展的要求。

3. 打赢蓝天保卫战,能加快调整能源结构,构建清洁低碳高效能源体系。坚持一切从实际出发,宜电则电、宜气则气、宜煤则煤、宜热则热,并通过大力淘汰关停环保、能耗、安全等不达标的燃煤机组,提高能源利用效率。

4. 打赢蓝天保卫战,能强化区域联防联控,有效应对重污染天气。结合国家产业能源结构调整升级、城市精细化管理等政策实施,多地区、多部门共同发力,多措并举,不断深化大气污染治理工作,促进环境空气质量的持续改善。

5. 从大气十条的"广泛动员社会参与"到三年行动计划的"构建全民行动格局",体现出团结动员各方力量、共治空气污染的力度不断加大。企业承担治污主体责任开展绿色生产,公众实践低碳消费和绿色生活、并积极发挥监督作用，人人都是行动主体，人人都将从行动中得益。

□ 实践指导

1. 提高认识，加强领导。把打赢蓝天保卫战同推动高质量发展结合起来，同推进生态文明、建设美丽中国统一起来，全局谋划，细化方案，加强督察，一项工作一项工作抓，一个节点一个节点促，做到责任到人、任务到人。

2. 聚焦重点，标本兼治。科学分析本地区的焦点、本部门的要点、本行业的难点。通过结构调整和优化改善空气质量，切实削减主要污染物排放改善空气质量，并通过机制创新、监管约束、科技保障和全民参与改善空气质量。

3. 因地制宜，科学推进。在技术上确保切实可行，在执行时间上确保按时序推进，在实施范围上做到由重点区域逐步向全国开展。多措并举，循序渐进，针对重点领域、重点行业、重点时段，画清任务图，列明时间表，一个一个难关去克，一块一块"硬骨头"去啃。

4. 细化任务，明确责任。明确每一级党委政府、每一个部门单位、每一家相关企业的任务和责任，做到重点明、任务清、目标细、责任严，确保每一个相关主体都围绕重点工作、按照时间节点，扎扎实实推进治污攻坚。

56. 河长制

 重要背景

2003 年,浙江省长兴县在全国率先实行河长制。由时任水利局、环卫处负责人担任河长,对水系开展清淤、保洁等整治行动。

2016 年 12 月,中共中央、国务院印发了《关于全面推行河长制的意见》,明确提出在 2018 年底全面建立河长制。这是贯彻新发展理念、建设美丽中国的重大战略,也是加强河湖管理保护、保障国家水安全的重要举措。

2017 年元旦,习近平总书记在新年贺词中发出"每条河流要有'河长'了"的号令。按照党中央、国务院安排部署,水利部会同有关部门多措并举、协同推进,地方各级党委、政府担当尽责,真抓实干,全国 31 个省(自治区、直辖市)在 2018 年 6 月底前全部建立河长制,比中央要求的时间节点提前了半年。

2018 年 10 月,全国首个《河长制工作规范地方标准》和《湖长制工作规范地方标准》在浙江绍兴发布。两个"标准"对河长和湖长管理要求、工作职责内容、工作任务、巡查要求等事项,进行了全面细致的界定和明确。

□ 简明要义

河湖管理保护是一项复杂的系统工程,涉及上下游、左右岸、不同行政区域和行业。近年来,一些地区积极探索河长制,由党政领导担任河长,依法依规落实地方主体责任,协调整合各方力量,有力促进了水资源保护、水域岸线管理、水污染防治、水环境治理等工作。

我国江河湖泊众多,水系发达,这些江河湖泊,孕育了中华文明,哺育了中华民族,是祖先留给我们的宝贵财富,也是子孙后代赖以生存发展的珍贵资源。保护江河湖泊,事关人民群众福祉,事关中华民族长远发展。

1. 推行河长制是落实绿色发展理念、推进生态文明建设的必然要求。江河湖泊具有重要的资源功能、生态功能和经济功能,是生态系统和国土空间的重要组成部分。落实绿色发展理念,必须把河湖管理保护纳入生态文明建设的重要内容,作为加快转变发展方式的重要抓手,推行河长制,促进经济社会可持续发展。

2. 推行河长制是解决我国复杂水问题、维护河湖健康生命的有效举措。河湖水系是水资源的重要载体,也是新老水问题体现最为集中的区域。近年来各地积极采取措施加强河湖治理、管理和保护,取得了显著的综合效益,但河湖管理保护仍然面临严峻挑战。解决面临的问题,亟须大力推行河长制,推进河湖系统保护和水生态环境整体改善,维护河湖健康生命。

3. 推行河长制是完善水治理体系、保障国家水安全的制度创新。河湖管理是水治理体系的重要组成部分。实践证明,维护河湖生命健康、保障国家水安全,需要大力推行河长制,积极发挥地方党委政府的主体作用,明确责任分工、强化统筹协调,形成人与自然和谐发展的河湖生态新格局。

□ 实践指导

1.强化红线约束,确保河湖资源永续利用。河湖因水而成,充沛的水量是维护河湖健康生命的基本要求。保护河湖必须把节水护水作为首要任务,落实最严格水资源管理制度,强化水资源开发利用控制、用水效率控制、水功能区限制纳污三条红线的刚性约束。

2.落实空间管控,构建科学合理岸线格局。水域岸线是河湖生态系统的重要载体。保护河湖必须坚持统筹规划、科学布局、强化监管,严格水生态空间管控,塑造健康自然的河湖岸线。

3.实行联防联控,破解河湖水体污染难题。人民群众对水污染反映强烈,防治水污染是政府义不容辞的责任。水污染问题表现在水中,根子在岸上,保护河湖必须全面落实《水污染防治行动计划》,实行水陆统筹,强化联防联控。

4.统筹城乡水域,建设水清岸绿美好环境。良好的水生态环境,是最公平的公共产品,是最普惠的民生福祉。保护河湖必须因地制宜、综合施策,全面改善江河湖泊水生态环境质量。

5.注重系统治理,永葆江河湖泊生机活力。山水林田湖草是一个生命共同体。保护河湖必须统筹兼顾、系统治理,全面加强河湖生态修复,维护河湖健康生命。

57. 六个"稳"

重要背景

2018年7月,中共中央政治局召开会议,在分析经济形势、部署经济工作时提出,"当前经济运行稳中有变,面临一些新问题新挑战,外部环境发生明显变化","要做好稳就业、稳金融、稳外贸、稳外资、稳投资、稳预期工作",即六个"稳"。

2018年12月召开的中央经济工作会议强调,"进一步稳就业、稳金融、稳外贸、稳外资、稳投资、稳预期,提振市场信心,增强人民群众获得感、幸福感、安全感,保持经济持续健康发展和社会大局稳定"。

□ 简明要义

2018年是全面贯彻党的十九大精神的开局之年,根据国家统计局公布的数据,经初步核算,前三季度国内生产总值同比增长6.7%,总体平稳,三大攻坚战开局良好,供给侧结构性改革深入推进,稳妥应对中美经贸摩擦,人民生活持续改善。然而,在充分肯定成绩的同时,党中央也清醒地认识到,经济运行稳中有变、变中有忧,短期问题和长期问题交错,周期性问题和结构性问题盘结,再加上外部环境复杂严峻,经济下行压力较大。进一步做好稳就业、稳金融、稳外贸、稳外资、稳投资、稳预期工作,关乎经济社会发展大局。

具体来说,稳就业,就是要把稳定就业工作放在更加突出位置,保证就业形势总体平稳、稳中向好;稳金融,就是要防止发生系统性金融风险,促进金融和实体经济良性循环;稳外贸,就是既要扩大进口,也要稳定出口,实现平衡发展;稳外资,就是要保持我国全球外商投资主要目的地地位,促进外商投资稳定增长;稳投资,就是要释放投资潜力,发挥投资关键作用;稳预期,就是要保持政策的连续性、稳定性,为改革发展营造良好氛围、坚定社会信心。

□ 实践指导

面对复杂形势,我们要保持战略定力,坚持稳中求进,以"稳"应"变"。中央政治局和中央经济工作会议提出的六个"稳",指向明确,具有很强的实践意义。

1.稳就业。当前和今后一段时期,受产业结构转型升级以及国际国内各种不确定不稳定因素的影响,就业矛盾依然存在。要按照2018年11月国务院印发的《关于做好当前和今后一个时期促进就业工作的若干意见》的要求,支持企业稳定岗位,促进就业创业,强化培训服务,着力稳定和促进就业。

2.稳金融。继续实施积极的财政政策和稳健的货币政策;坚持结构性去杠杆的基本思路,防范金融市场异常波动和共振,稳妥处理地方政府债务风险;完善金融基础设施,强化监管和服务能力,积极把防范化解金融风险和服务实体经济更好结合起来。

3. 稳外贸。积极落实国务院办公厅 2018 年 7 月转发的《关于扩大进口促进对外贸易平衡发展的意见》,从优化进口结构促进生产消费升级、优化国际市场布局、发挥多渠道促进作用、改善贸易自由化便利化条件四个方面采取措施,在稳定出口的同时进一步扩大进口,促进对外贸易平衡发展。

4. 稳外资。根据 2018 年 6 月国务院印发的《关于积极有效利用外资推动经济高质量发展若干措施的通知》,未来将大幅度放宽市场准入,提升投资自由化水平;深化"放管服"改革,提升投资便利化水平;加强投资促进,提升引资质量和水平;提升投资保护水平,打造高标准投资环境;优化区域开放布局,引导外资投向中西部等地区;推动国家级开发区创新提升,强化利用外资重要平台作用,促进外商投资稳定增长。

5. 稳投资。我国发展现阶段投资需求潜力仍然巨大,要加大制造业技术改造和设备更新,加快 5G 商用步伐,加强人工智能、工业互联网、物联网等新型基础设施建设,加大城际交通、物流、市政基础设施等投资力度,补齐农村基础设施和公共服务设施建设短板,加强自然灾害防治能力建设。

6. 稳预期。一方面,要保持政策的连续性、稳定性,另一方面,合理引导市场预期,增强前瞻性、针对性和灵活性。

58. 质量兴农战略

 重要背景

2017 年 12 月,习近平总书记在中央经济工作会议上强调,要"实施乡村振兴战略。要科学制定乡村振兴战略规划。健全城乡融合发展体制机制,清除阻碍要素下乡各种障碍。推进农业供给侧结构性改革,坚持质量兴农、绿色兴农,农业政策从增产导向转向提质导向。"

2018 年 1 月,中共中央、国务院印发了《关于实施乡村振兴战略的意见》强调,要提升农业发展质量,培育乡村发展新动能。乡村振兴,产业兴旺是重点。必须坚持质量兴农、绿色兴农,以农业供给侧结构性改革为主线,加快构建现代农业产业体系、生产体系、经营体系,提高农业创新力、竞争力和全要素生产率,加快实现由农业大国向农业强国转变。

2018 年 9 月,中共中央、国务院印发了《乡村振兴战略规划(2018—2022 年)》,提出要加快农村现代化步伐,坚持质量兴农、品牌强农,深化农业供给侧结构性改革,构建现代农业产业体系、生产体系、经营体系,推动农业发展质量变革、效率变革、动力变革,持续提高农业创新力、竞争力和全要素生产率。

□ 简明要义

党的十九大作出中国特色社会主义进入新时代的科学论断,提出实施乡村振兴战略的重大历史任务,在我国"三农"发展进程中具有划时代的里程碑意义,必须深入贯彻习近平新时代中国特色社会主义思想和党的十九大精神,在认真总结农业农村发展历史性成就和历史性变革的基础上,准确研判经济社会发展趋势和乡村演变发展态势,切实抓住历史机遇,增强责任感、使命感、紧迫感,把乡村振兴战略实施好。而加快推进农业现代化,必须坚持质量兴农战略。

实施质量兴农战略主要指:制定和实施国家质量兴农战略规划,建立健全质量兴农评价体系、政策体系、工作体系和考核体系。深入推进农业绿色化、优质化、特色化、品牌化,调整优化农业生产力布局,推动农业由增产导向转向提质导向。推进特色农产品优势区创建,建设现代农业产业园、农业科技园。实施产业兴村强县行动,推行标准化生产,培育农产品品牌,保护地理标志农产品,打造"一村一品"、"一县一业"发展新格局。加快发展现代高效林业,实施兴林富民行动,推进森林生态标志产品建设工程。加强植物病虫害、动物疫病防控体系建设。优化养殖业空间布局,大力发展绿色生态健康养殖,做大做强民族奶业。统筹海洋渔业资源开发,科学布局近远海养殖和远洋渔业,建设现代化海洋牧场。建立产学研融合的农业科技创新联盟,加强农业绿色生态、提质增效技术研发应用。切实发挥农垦在质量兴农中的带动引领作用。实施食品安全战略,完善农产品质量和食品安全标准体系,加强农业投入品和农产品质量安全追溯体系建设,健全农产品质量和食品安全监管体制,重点提高基层监管能力。

□ 实践指导

1. 特色农产品优势区创建。创建国家级特色农产品优势区,打造一批"中国第一、世界有名"的特色农产品品牌,增强绿色优质中高端特色农产品供给能力,加大对特色农产品优势区品牌的宣传和推介力度。

2. 动植物保护能力提升。针对动植物保护体系、外来生物入侵防控体系的薄弱环节,通过工程建设和完善运行保障机制,形成监测预警体系、疫情灾害应急处置体系、农药风险监控体系和联防联控体系。

3. 农业品牌提升。加强农业品牌认证、监管、保护等各环节的规范与管理,提升我国农业品牌公信力。加强与大型农产品批发市场、电商平台、各类商超组织的合作,创新产销衔接机制,搭建品牌农产品营销推介平台。

4. 促进特色优势农产品出口。促进重点水果、蔬菜、茶叶和水产品出口,支持企业申请国际认证认可,参与国际知名展会。

5. 开展产业兴村强县行动。坚持试点先行、逐步推开,培育和发展一批产业强、产品优、质量好、功能全、生态美的农业强镇,培育县域经济新动能。

6. 推进优质粮食工程。完善粮食质量安全检验和质量风险监测体系,完善粮食产后服务体系。开展"中国好粮油"行动,建立优质粮油产业经济发展评价体系、优质粮油质量标准、测评技术体系和线上营销体系,积极培育消费者认可的"中国好粮油"产品。

59. 国家大数据战略

 重要背景

2017 年 12 月，中共中央政治局就实施国家大数据战略进行第二次集体学习。习近平总书记在主持学习时强调，大数据发展日新月异，我们应该审时度势、精心谋划、超前布局、力争主动，深入了解大数据发展现状和趋势及其对经济社会发展的影响，分析我国大数据发展取得的成绩和存在的问题，推动实施国家大数据战略，加快完善数字基础设施，推进数据资源整合和开放共享，保障数据安全，加快建设数字中国，更好服务我国经济社会发展和人民生活改善。

□ 简明要义

随着信息技术和人类生产生活交汇融合，互联网快速普及，全球数据呈现爆发增长、海量集聚的特点，对经济发展、社会治理、国家管理、人民生活都产生了重大影响。世界各国都把推进经济数字化作为实现创新发展的重要动能,在前沿技术研发、数据开放共享、隐私安全保护、人才培养等方面做了前瞻性布局。

我国网络购物、移动支付、共享经济等数字经济新业态新模式蓬勃发展,走在了世界前列。实施国家大数据战略要求我们要瞄准世界科技前沿,集中优势资源突破大数据核心技术,加快构建自主可控的大数据产业链、价值链和生态系统。要加快构建高速、移动、安全、泛在的新一代信息基础设施,统筹规划政务数据资源和社会数据资源,完善基础信息资源和重要领域信息资源建设,形成万物互联、人机交互、天地一体的网络空间。要发挥我国制度优势和市场优势,面向国家重大需求,面向国民经济发展主战场,全面实施促进大数据发展行动,完善大数据发展政策环境。要坚持数据开放、市场主导,以数据为纽带促进产学研深度融合,形成数据驱动型创新体系和发展模式,培育造就一批大数据领军企业,打造多层次、多类型的大数据人才队伍。

□ 实践指导

1. 构建以数据为关键要素的数字经济。建设现代化经济体系离不开大数据发展和应用。我们要坚持以供给侧结构性改革为主线,加快发展数字经济,推动实体经济和数字经济融合发展,推动互联网、大数据、人工智能同实体经济深度融合,继续做好信息化和工业化深度融合这篇大文章,推动制造业加速向数字化、网络化、智能化发展。要深入实施工业互联网创新发展战略,系统推进工业互联网基础设施和数据资源管理体系建设,发挥数据的基础资源作用和创新引擎作用,加快形成以创新为主要引领和支撑的数字经济。

2. 运用大数据提升国家治理现代化水平。要建立健全大数据辅助科学决策和社会治理的机制，推进政府管理和社会治理模式创新，实现政府决策科学化、社会治理精准化、公共服务高效化。

3. 以推行电子政务、建设智慧城市等为抓手，以数据集中和共享为途径，推动技术融合、业务融合、数据融合，打通信息壁垒，形成覆盖全国、统筹利用、统一接入的数据共享大平台，构建全国信息资源共享体系，实现跨层级、跨地域、跨系统、跨部门、跨业务的协同管理和服务。

4. 充分利用大数据平台，综合分析风险因素，提高对风险因素的感知、预测、防范能力。

5. 加强政企合作、多方参与，加快公共服务领域数据集中和共享，推进同企业积累的社会数据进行平台对接，形成社会治理强大合力。要加强互联网内容建设，建立网络综合治理体系，营造清朗的网络空间。

6. 运用大数据促进保障和改善民生。大数据在保障和改善民生方面大有作为。要坚持以人民为中心的发展思想，推进"互联网+教育"、"互联网+医疗"、"互联网+文化"等，让百姓少跑腿、数据多跑路，不断提升公共服务均等化、普惠化、便捷化水平。要坚持问题导向，抓住民生领域的突出矛盾和问题，强化民生服务，弥补民生短板，推进教育、就业、社保、医药卫生、住房、交通等领域大数据普及应用，深度开发各类便民应用。要加强精准扶贫、生态环境领域的大数据运用，为打赢脱贫攻坚战助力，为加快改善生态环境助力。

7. 切实保障国家数据安全。要加强关键信息基础设施安全保护，强化国家关键数据资源保护能力，增强数据安全预警和溯源能力。要加强政策、监管、法律的统筹协调，加快法规制度建设。要制定数据资源确权、开放、流通、交易相关制度，完善数据产权保护制度。要加大对技术专利、数字版权、数字内容产品及个人隐私等的保护力度，维护广大人民群众利益、社会稳定、国家安全。要加强国际数据治理政策储备和治理规则研究，提出中国方案。

60. 新旧动能转换

重要背景

2017年1月,国务院办公厅印发了《关于创新管理优化服务培育壮大经济发展新动能加快新旧动能接续转换的意见》强调,培育壮大经济发展新动能,加快新旧动能接续转换是促进经济结构转型和实体经济升级的重要途径,是推进供给侧结构性改革的重要着力点。

□ 简明要义

当今世界,新一轮科技革命和产业变革呈现多领域、跨学科、群体性突破新态势,正在向经济社会各领域广泛深入渗透。我国经济发展进入新常态,创新驱动发展战略深入实施,大众创业万众创新蓬勃兴起,诸多新产业、新业态蕴含巨大发展潜力,呈现技术更迭快、业态多元化、产业融合化、组织网络化、发展个性化、要素成果分享化等新特征,以技术创新为引领,以新技术新产业新业态新模式为核心,以知识、技术、信息、数据等新生产要素为支撑的经济发展新动能正在形成。

培育壮大经济发展新动能,加快新旧动能接续转换是促进经济结构转型和实体经济升级的重要途径,是推进供给侧结构性改革的重要着力点。要牢固树立和贯彻落实创新、协调、绿色、开放、共享的发展理念,坚持以推进供给侧结构性改革为主线,着力振兴实体经济,深入实施创新驱动发展战略,大力推进大众创业万众创新;进一步优化公共服务、创新行政管理,与时俱进、顺势而为、主动求变,促进制度创新与技术创新的融合互动、供给与需求的有效衔接、新动能培育与传统动能改造提升的协调互动。

要强化向实体经济聚力发力的意识,积极运用新动能改造提升传统动能。立足创新驱动,依托"中国制造2025"、"互联网+"等推动传统产业迈向中高端,促进实体经济升级,使传统产业在与新动能融合中形成更加适应市场需求的新技术、新业态、新模式,提升产品和服务价值链,焕发新活力。加快新旧动能平稳接续、协同发力,促进覆盖一二三产业的实体经济蓬勃发展。

□ 实践指导

1. 提高政府服务的能力和水平。要主动适应新动能加速成长和传统动能改造提升的需要,进一步提高行政审批服务效能,加速法规政策标准动态调整,鼓励有条件的地方先行先试,提高创业创新服务效率。

2. 探索包容创新的审慎监管制度。在新兴经济领域贯彻更加包容和鼓励创新的治理理念,建立公平开放的市场准入制度,健全信用约束机制,完善风险管控体系,构建多方参与的治理体系。

3.激发新生产要素流动的活力。促进知识、技术、信息、数据等新生产要素合理流动、有效集聚,进一步完善智力要素集聚流动机制,完善数据资源开放共享制度,强化科技成果加速转化应用机制,创新新技术新业态改造提升传统产业的模式。

4.强化支撑保障机制建设。调整相关政策和制度安排,通过构建统筹协调的组织支撑、完善采购等支持新技术应用的政策措施,优化金融支持体系,完善统计调查支撑机制,更好服务新产业新业态健康发展。

61. 可持续发展战略

重要背景

　　"可持续发展"一词最早出现于 1980 年国际自然保护同盟的《世界自然资源保护大纲》。1997 年党的十五大把可持续发展确定为我国现代化建设中必须实施的战略。党的十八大以来,以习近平同志为核心的党中央多次强调要毫不动摇坚持可持续发展战略。

□ 简明要义

　　可持续发展战略是以保护自然环境为基础,以激励经济发展为条件,以改善和提高人类生活质量为目标的发展战略,主要体现在经济发展、社会进步、生态环境保护三个方面。其主要内涵包括:一是强调发展的全面性,区别于简单追求经济增长。二是强调发展的可持续性,发展不能超越资源和环境的承载能力。三是强调人与人关系的公平性,包括代内公平和代际公平。四是强调人与自然的协调共生。

随着发展步伐的加快和发展体量的增大，我国资源约束趋紧，环境污染严重，生态系统退化、发展与人口资源环境之间的矛盾日益突出，已成为经济社会发展的重大瓶颈制约。实施可持续发展战略，有利于我国经济、社会、生态的持续健康发展，实现经济发展和人口、资源、环境相协调，走出一条生产发展、生活富裕、生态良好的文明发展道路，保证一代接一代永续发展。

□ 实践指导

坚定实施可持续发展战略，要做好以下几个方面的工作：一是要把转变经济发展方式和对经济结构进行战略性调整作为推进经济可持续发展的重大决策。二是要把建立资源节约型和环境友好型社会作为推进可持续发展的重要着力点，树立和践行绿水青山就是金山银山的理念，深入贯彻节约资源和环境保护的基本国策。三是要把保障和改善民生作为可持续发展的核心要求。四是把科技创新作为推进可持续发展的不竭动力。五是要把深化体制改革和扩大对外开放与合作作为推进可持续发展的基本保障。

62. 创新型国家

重要背景

2006 年全国科技大会提出自主创新、建设创新型国家战略。党的十七大提出到 2020 年进入创新型国家行列。党的十八大以来，以习近平同志为核心的党中央多次强调要加快建设创新型国家。党的十九大报告提出，到 2035 年跻身创新型国家前列。

□ 简明要义

创新型国家特征是：创新综合指数明显高于其他国家，科技进步贡献率在 70%以上，研发投入支出占国内生产总值的比例一般在 2%以上，对外技术依存度指标一般在 30%以下。

加快创新型国家建设，既是推动经济发展在新常态下顺利跨越转变发展方式、优化经济结构、转换增长动力关口的战略举措，也是决胜全面建成小康社会和全面建设社会主义现代化国家的重要内容、战略支撑,对实现"两个一百年"奋斗目标具有十分重大的意义。

□ 实践指导

　　加快建设创新型国家,要瞄准世界科技前沿,强化基础研究,实现前瞻性基础研究、引领性原创成果重大突破。加强应用基础研究,拓展实施国家重大科技项目,突出关键共性技术、前沿引领技术、现代工程技术、颠覆性技术创新,为建设科技强国、质量强国、航天强国、网络强国、交通强国、数字中国、智慧社会提供有力支撑。加强国家创新体系建设,强化战略科技力量。深化科技体制改革,建立以企业为主体、市场为导向、产学研深度融合的技术创新体系,加强对中小企业创新的支持,促进科技成果转化。倡导创新文化,强化知识产权创造、保护、运用。培养造就一大批具有国际水平的战略科技人才、科技领军人才、青年科技人才和高水平创新团队。

63. 数字经济

重要背景

2016 年 10 月,习近平总书记在中共中央政治局就实施网络强国战略进行第三十六次集体学习时强调,加快推进网络信息技术自主创新,加快数字经济对经济发展的推动,加快提高网络管理水平,加快增强网络空间安全防御能力,加快用网络信息技术推进社会治理,加快提升我国对网络空间的国际话语权和规则制定权,朝着建设网络强国目标不懈努力。

2017 年 3 月,数字经济首次写入《政府工作报告》。报告指出:"在互联网时代,各领域发展都需要速度更快、成本更低、安全性更高的信息网络。今年网络提速降费要迈出更大步伐,年内全部取消手机国内长途和漫游费,大幅降低中小企业互联网专线接入资费,降低国际长途电话费,推动'互联网+'深入发展、促进数字经济加快成长,让企业广泛受益、群众普遍受惠。"

2017 年 12 月,习近平总书记在中共中央政治局就实施国家大数据战略进行第二次集体学习时指出,要构建以数据为关键要素的数字经济。建设现代化经济体系离不开大数据发展和应用。我们要坚持以供给侧结构性改革为主线,加快发展数字经济,推动实体经济和数字经济融合发展,推动互联网、大数据、人工智能同实体经济深度融合,继续做好信息化和工业化深度融合这篇大文章,推动制造业加速向数字化、网络化、智能化发展。要深入实施工业互联网创新发展战略,系统推进工业互联网基础设施和数据资源管理体系建设,发挥数据的基础资源作用和创新引擎作用,加快形成以创新为主要引领和支撑的数字经济。

□ 简明要义

数字经济是指以使用数字化的知识和信息作为关键生产要素、以现代信息网络作为重要载体、以信息通信技术的有效使用作为效率提升和经济结构优化的重要推动力的一系列经济活动。随着信息技术的不断发展进步,数字经济逐渐成为一种新的经济形态,影响力越来越大。许多产业和领域都已出现数字化转型,数字经济日益成为全球经济发展的新动能。我国的数字经济发展迅速,已经延伸到许多重要行业和领域,成为经济发展的重要推动力。

数字经济不同于传统的工业经济,其具备诸多新特征。虽然数字经济也需要劳动、资本、土地等基本的生产要素,但不同的是,数字经济需要各种要素的数字化,并且要素的数字化会产生大量的经济数据,而数据又成为数字经济非常重要的生产要素。因此,数字经济的新特征可以概括为如下三点:一是数据成为一种新生产要素影响经济增长;二是数字基础设施成为促进经济增长的新的基础设施;三是劳动者和消费者都需要具备一定的数字素养。

数字经济对于经济社会的发展进步起到了非常重要的促进作用。

1. 数字经济成为驱动经济增长的新动力。研究显示,一国的数字化程度越高,其经济增长速度越快。平均而言,数字化程度每增加10%,人均 GDP 提高 0.5%—0.62%。2008 年全球金融危机以来,世界经济复苏缓慢,数字经济势必成为拉动经济增长,带动全球经济走向复苏的重要力量。

2. 数字经济成为实体经济转型升级的重要途径。当前我国经济发展进入新常态,转变传统经济增长方式迫在眉睫。其中一个重要方面就是以制造业为主的实体经济的转型升级。而以互联网跨界融合应用为特征的数字经济发展,为实体经济的转型升级提供了必要的技术支撑。积极应用"互联网+制造业"的数字经济新模式,能够有效提升实体经济的技术创新能力和发展水平。

3. 数字经济有利于改善民生,提升居民生活水平。数字经济改变了传统的生活模式,极大程度上便利了居民的日常生活。比如数字化的网上缴费系统,使居民无须到营业厅即可实现水电气等费用的缴纳;网上订餐、家政服务、教育医疗等许多行业和领域都提供了更加便利的数字化网络服务。

□ 实践指导

1. 加快构建高速、移动、安全、泛在的新一代信息基础设施,构建统一的数据平台。类似于传统的经济发展依托于交通等基础设施的发展,数字经济的发展依托于信息基础设施的建设。信息基础设施建设一般投资成本高、规模较大、周期较长,政府应当积极采取措施,加大投资力度,并带头研发相关的信息技术,建设必要的信息基础设施。积极建设统一的数据平台,供数字经济的参与者使用,降低交易成本,同时,使消费者能够以更低的费用购买到数字经济的产品和服务。

2. 积极采取保障数据安全和网络安全的措施,加大监管力度。数字经济发展必然会产生大量数据,这些数据的存在关系到每一个数字经济参与者的信息安全。如果数字经济的数据库和网络遭受攻击,将会造成极大的经济社会损失。因此,政府应当加大对数据安全的保护力度和监管力度,为数字经济的平稳发展提供良好的外部支撑环境。

3. 加大对生产和消费的补贴力度,促进数字经济市场的繁荣发展。虽然我国数字经济发展势头良好,但是整体水平较低,与发达国家存在不小差距。政府可以通过必要的产业政策,支持数字经济相关行业的发展。给予相关企业一定的补贴,还可以给予消费者一定的消费补贴,扩大市场供给和需求。

64. 人工智能

 重要背景

  2017 年 7 月,国务院印发了《新一代人工智能发展规划》,提出"人工智能的迅速发展将深刻改变人类社会生活、改变世界"。应积极"抢抓人工智能发展的重大战略机遇,构筑我国人工智能发展的先发优势,加快建设创新型国家和世界科技强国"。

  2018 年 9 月,习近平总书记致信祝贺 2018 世界人工智能大会开幕强调,新一代人工智能正在全球范围内蓬勃兴起,为经济社会发展注入了新动能,正在深刻改变人们的生产生活方式。把握好这一发展机遇,处理好人工智能在法律、安全、就业、道德伦理和政府治理等方面提出的新课题,需要各国深化合作、共同探讨。中国愿在人工智能领域与各国共推发展、共护安全、共享成果。

  2018 年 10 月,中共中央政治局就人工智能发展现状和趋势举行第九次集体学习。习近平总书记在主持学习时强调,人工智能是新一轮科技革命和产业变革的重要驱动力量,加快发展新一代人工智能是事关我国能否抓住新一轮科技革命和产业变革机遇的战略问题。要深刻认识加快发展新一代人工智能的重大意义，加强领导，做好规划，明确任务，夯实基础，促进其同经济社会发展深度融合，推动我国新一代人工智能健康发展。

□ 简明要义

人工智能（Artificial Intelligence），英文缩写为 AI。它是研究、开发用于模拟、延伸和扩展人的智能的理论、方法、技术及应用系统的一门新的技术科学。

人工智能是引领这一轮科技革命和产业变革的战略性技术，具有溢出带动性很强的"头雁效应"。在移动互联网、大数据、超级计算、传感网、脑科学等新理论新技术的驱动下，人工智能加速发展，呈现出深度学习、跨界融合、人机协同、群智开放、自主操控等新特征，正在对经济发展、社会进步、国际政治经济格局等方面产生重大而深远的影响。加快发展新一代人工智能是我们赢得全球科技竞争主动权的重要战略抓手，是推动我国科技跨越发展、产业优化升级、生产力整体跃升的重要战略资源。我国经济已由高速增长阶段转向高质量发展阶段，正处在转变发展方式、优化经济结构、转换增长动力的攻关期，迫切需要新一代人工智能等重大创新添薪续力。

□ 实践指导

1.深入把握新一代人工智能发展的特点，加强人工智能和产业发展融合,为高质量发展提供新动能。

2. 围绕建设现代化经济体系,以供给侧结构性改革为主线,把握数字化、网络化、智能化融合发展契机,在质量变革、效率变革、动力变革中发挥人工智能作用,提高全要素生产率。

3. 培育具有重大引领带动作用的人工智能企业和产业,构建数据驱动、人机协同、跨界融合、共创分享的智能经济形态。

4. 发挥人工智能在产业升级、产品开发、服务创新等方面的技术优势,促进人工智能同一、二、三产业深度融合,以人工智能技术推动各产业变革,在中高端消费、创新引领、绿色低碳、共享经济、现代供应链、人力资本服务等领域培育新增长点、形成新动能。

5. 推动智能化信息基础设施建设,提升传统基础设施智能化水平,形成适应智能经济、智能社会需要的基础设施体系。

65. 新型城镇化

重要背景

2012 年 12 月,中央经济工作会议提出加快新型城镇化建设的要求。2013 年 11 月,党的十八届三中全会提出,要完善城镇化健康发展的体制机制,坚持走中国特色新型城镇化道路。2014 年 3 月,我国首部城镇化规划——《国家新型城镇化规划(2014—2020 年)》正式发布。

□ 简明要义

新型城镇化是工业化、信息化、城镇化、农业现代化"四化"协调互动的城镇化,是人口、经济、资源与环境相协调的城镇化,是大中小城市、小城镇、新型农村社区互促共进的城镇化,是节约集约、生态宜居、和谐发展的城镇化。核心是人的城镇化,提高城镇化质量,富裕农民、造福人民,全面提升生活质量。

推进新型城镇化建设,是实现我国社会主义现代化的必由之路,是保持经济持续健康发展的强大引擎,是加快产业结构转型升级的重要抓手,是解决农业农村农民问题的重要途径,是实施乡村振兴战略、推动区域协调发展的有力支撑,是促进社会全面进步的必然要求。

□ 实践指导

新型城镇化是综合性系统工程,要遵循科学规律,加强顶层设计,统筹推进相关配套改革,鼓励各地因地制宜、突出特色、大胆创新,积极引导社会资本参与,促进中国特色新型城镇化持续健康发展。

具体要求是:有序推进农业转移人口市民化,统筹推进户籍制度改革和基本公共服务均等化;优化城镇化布局和形态,以城市群为主体形态,促进大中小城市和小城镇协调发展;提高城市可持续发展能力,增强城市经济、基础设施、公共服务和资源环境对人口的承载能力;推动城乡发展一体化,让广大农民平等参与现代化进程、共同分享现代化成果。

66.坚持人与自然和谐共生

 重要背景

2013 年 5 月,习近平总书记在十八届中央政治局第六次集体学习时的讲话中提出,"生态文明是工业文明发展到一定阶段的产物,是实现人与自然和谐发展的新要求。"

2015 年 10 月,中国共产党第十八届中央委员会第五次全体会议通过的《中共中央关于制定国民经济和社会发展第十三个五年规划的建议》中提出"促进人与自然和谐共生"。

2016 年 1 月,习近平总书记在省部级主要领导干部学习贯彻党的十八届五中全会精神专题研讨班上的讲话中提出"着力推进人与自然和谐共生"。

2017 年 1 月,习近平主席在出席世界经济论坛 2017 年年会和访问联合国日内瓦总部时的演讲中提出"人与自然共生共存,伤害自然最终将伤及人类"。

习近平总书记在党的十九大报告中,把"人与自然和谐共生"作为新时代坚持和发展中国特色社会主义基本方略之一加以强调。

□ 简明要义

建设生态文明是中华民族永续发展的千年大计。必须树立和践行绿水青山就是金山银山的理念,坚持节约资源和保护环境的基本国策,像对待生命一样对待生态环境,统筹山水林田湖草系统治理,实行最严格的生态环境保护制度,形成绿色发展方式和生活方式,坚定走生产发展、生活富裕、生态良好的文明发展道路,建设美丽中国,为人民创造良好生产生活环境,为全球生态安全作出贡献。

将"坚持人与自然和谐共生"作为新时代坚持和发展中国特色社会主义的基本方略之一,是马克思主义生态观在当代中国的最新发展,是以习近平同志为核心的党中央深入把握经济社会发展规律、人与自然发展规律的重要理论创新,彰显了对中华民族永续发展和人类未来的责任担当。标志着我们党科学把握、正确处理人与自然关系的进一步深化,体现了党中央全面提升生态文明、建设美丽中国的坚定决心和坚强意志,为进一步加强生态环境保护、满足人民日益增长的优美生态环境需要提供了强大思想引领、根本遵循和实践动力。

□ 实践指导

1. 树立尊重自然、顺应自然、保护自然的生态文明理念,保护自然生态系统,维护人与自然之间形成的生命共同体;坚持节约资源和保护环境的基本国策,坚持节约优先、保护优先、自然恢复为主的方针,把生态文明建设融入经济建设、政治建设、文化建设、社会建设各方面和全过程，着力树立生态观念、完善生态制度、维护生态安全、优化生态环境。

2.形成节约资源和保护环境的空间格局、产业结构、生产方式、生活方式；树立和践行绿水青山就是金山银山的理念，坚定不移推动形成绿色发展方式和生活方式，努力实现经济社会发展和生态环境保护协同共进，为人民群众创造良好生产生活环境。

3.在推动形成绿色发展方式和生活方式要完成好6项重点任务。即：加快转变经济发展方式；加大环境污染综合治理；加快推进生态保护修复；全面促进资源节约集约利用；倡导推广绿色消费；完善生态文明制度体系。

67. 绿水青山就是金山银山

 重要背景

    2005 年 8 月,时任浙江省委书记的习近平到安吉天荒坪镇余村考察时,首次提出"绿水青山就是金山银山"。党的十八大以来,习近平总书记在国内外多次强调和阐明这一理念。2015 年 4 月,中共中央国务院印发了《关于加快推进生态文明建设的意见》明确强调"坚持绿水青山就是金山银山"。党的十九大报告,把绿水青山就是金山银山理念写入新时代中国特色社会主义基本方略。

□ 简明要义

    绿水青山就是金山银山的理念,是我国生态文明建设的核心,表达了党和政府绝不以牺牲生态环境为代价换取经济一时发展的鲜明态度和坚定决心。

    绿水青山就是金山银山的理念,深刻阐明了人与自然的对立统一关系,标志着我们党对共产党执政规律、社会主义建设规律、人类社会发展规律的认识达到一个新高度。建设绿水青山的生态文明,关系人民福祉,关乎民族未来,关系人类的生存发展,是实现中华民族伟大复兴中国梦的重要内容。特别是以绿水青山就是金山银山为核心的生态文明观,明确了加强生态文明建设的价值取向、指导方针、目标任务、着力重点和制度保障,为建设美丽中国提供了根本遵循。

□ 实践指导

树立和践行绿水青山就金山银山、保护生态环境就是保护生产力、改善生态环境就是解放生产力的理念,坚持节约资源和保护环境的基本国策,实行最严格的生态环境保护制度;加快建立绿色生产和消费的法律制度和政策导向,形成节约资源和保护环境的空间格局、产业结构、生产方式、生活方式;坚定走生产发展、生活富裕、生态良好的文明发展道路,使人民群众在享受丰富物质精神财富的同时,切实感受到绿色发展带来的优美生活环境。

68. 绿色发展

重要背景

　　党的十八大报告首次提出"着力推进绿色发展"。2013 年 5 月,习近平总书记在中央政治局第六次集体学习时强调,"更加自觉地推动绿色发展、循环发展、低碳发展"。2015 年 10 月,党的十八届五中全会提出了创新、协调、绿色、开放、共享的新发展理念。2017 年 5 月,习近平总书记在中央政治局第四十一次集体学习时,就推动形成绿色发展方式和生活方式提出 6 项重点任务。党的十九大报告,进一步强调推进绿色发展,建设美丽中国。

□ 简明要义

　　绿色发展是在传统发展基础上的一种模式创新,是建立在生态环境容量和资源承载力的约束条件下,将环境保护作为实现可持续发展重要支柱的一种新型发展模式。

主要包括三个要点：一是将环境资源作为社会经济发展的内在要素；二是把实现经济、社会和环境的可持续发展作为绿色发展的目标；三是把经济活动过程和结果的"绿色化"、"生态化"作为绿色发展的主要内容和途径。

贯彻落实绿色发展理念，是全面建成小康社会的内在要求，是推进生态文明建设的必然举措，是建设美丽中国的必然要求；有助于开创人与自然和谐共生新境界，建成美丽的社会主义现代化强国，也有助于构建全球生态新秩序，更好服务全球生态安全。

□ 实践指导

一是加快建立绿色生产和消费的法律制度和政策导向，建立健全绿色低碳循环发展的经济体系。二是构建市场导向的绿色技术创新体系，发展绿色金融，壮大节能环保产业、清洁生产产业、清洁能源产业。三是推进能源生产和消费革命，构建清洁低碳、安全高效的能源体系。四是推进资源全面节约和循环利用，实现生产系统和生活系统循环链接。五是倡导简约适度、绿色低碳的生活方式，开展创建节约型机关、绿色家庭、绿色学校、绿色社区和绿色出行等行动。

69.山水林田湖草生命共同体

 重要背景

2013 年 11 月,《关于〈中共中央关于全面深化改革若干重大问题的决定〉的说明》中提到山水林田湖是一个生命共同体,人的命脉在田,田的命脉在水,水的命脉在山,山的命脉在土,土的命脉在树。

2017 年 8 月,中央全面深化改革领导小组第三十七次会议强调,坚持山水林田湖草是一个生命共同体。将草纳入山水林田湖同一个生命共同体,这是对草原生态地位的重要肯定,对推进草原生态文明建设具有里程碑式的重要意义。

党的十九大报告指出,统筹山水林田湖草系统治理,实行最严格的生态环境保护制度,形成绿色发展方式和生活方式,坚定走生产发展、生活富裕、生态良好的文明发展道路。

2018 年 5 月,在全国生态环境保护大会上,习近平总书记再次强调,山水林田湖草是生命共同体,要统筹兼顾、整体施策、多措并举,全方位、全地域、全过程开展生态文明建设。

□ 简明要义

由山、水、林、田、湖、草组成的系统，是一个复杂系统。系统各个因子之间，存在着复杂的相互依存、相互促进、相互制约的关系，并由此形成一个"生命共同体"。山是流域水资源与降雨径流的主源地，治水就应做好山区水源涵养；森林素有"绿色水库"之称，不仅能涵养水源，调节河川径流，而且能防止水土流失，保护土地资源；草是先锋植物，素有"地球皮肤"的美称，不仅能固沙保土，而且可为林木的生长创造条件；农田是天然透水性土地，深耕深松以土蓄水，是保护水资源的重要途径；湖泊是水资源的重要载体，是调蓄洪水的主要水域空间，保护水域也就是保护水资源之"本"。

"山水林田湖草"是一个生命共同体，阐述了人与自然之间唇齿相依的共生关系，深刻揭示了山水林田湖草系统治理对人类健康生存与永续发展的意义，也为科学推进生态文明建设指明了方向。

1. 山水林田湖草构成了人类赖以生存发展的基础。加快推进山水林田湖草系统治理，将有助于提升生态系统健康与永续发展水平，增加生态系统服务与产品供给，满足人民日益增长的优美生态环境需要，并为我国经济社会发展提供重要支撑。

2. 山水林田湖草的质量与功能决定了区域可持续发展的潜力与方向。山水林田湖草是"绿水青山"的基底，也是决定区域发展空间以及资源环境承载能力的重要因素。

3. 山水林田湖草系统治理是发展绿色经济的重要基础，一方面山水林田湖草作为"绿水青山"的重要组成部分，将通过合理开发利用变为"金山银山",实现其生态经济价值;另一方面,山水林田湖草系统治理将有效拉动绿色技术、绿色产业的发展,助力乡村振兴,形成新的经济增长点。

□ 实践指导

1.突破一批生态治理领域的"卡脖子"技术。进一步优化研发布局,加大投入力度,提升我国生态治理领域的技术保障能力,实现山水林田湖草系统治理的自主可控。同时,由于我国幅员辽阔,山水林田湖草及其退化成因具有明显的空间分异特征,所需要的修复治理技术差异也很大。因地制宜地发展生态修复绿色技术,既是我国国情的客观需要,也是山水林田湖草生命共同体科技创新的重要内容。

2.实施一批区域生态综合治理示范工程。根据《全国主体功能区规划》《全国生态功能区划》以及国家重大战略布局,加快生态脆弱区及国家优化开发区域山水林田湖草系统治理速度;同时注重与区域可持续发展、精准脱贫、乡村振兴有机结合,积极发展生态产业,创造绿色就业岗位,推动生态脆弱区脱贫致富,集中建设一批典型区域的山水林田湖草生态综合治理示范工程,向实现美丽中国目标方向挺进。

3.持续推进生态文明制度创新。实现山水林田湖草系统治理的可持续性,将"绿水青山"转换为"金山银山",除了技术创新以外,还需要大力推进制度创新,通过关键领域的改革来最大限度地促进山水林田湖草生态价值的实现。

70.促进农业全面升级农村
全面进步农民全面发展

 重要背景

2018 年 11 月,习近平总书记在中央政治局第八次集体学习时强调:"始终把解决好'三农'问题作为全党工作重中之重,明确思路,深化认识,切实把工作做好,促进农业全面升级、农村全面进步、农民全面发展。"

□ 简明要义

促进农业全面升级、农村全面进步、农民全面发展,就是把农业农村优先发展真正落到实处,在资金投入、要素配置、公共服务、干部配备等方面采取有力举措,加快补齐农业农村发展短板,不断缩小城乡差距,让农业成为有奔头的产业,让农民成为有吸引力的职业,让农村成为安居乐业的家园。

我国是农业大国,重农固本是安民之基、治国之要。中国要强,农业必须强;中国要美,农村必须美;中国要富,农民必须富。在现代化进程中,如何处理好工农关系、城乡关系,在一定程度上决定着现代化的成败。着力做好新时代"三农"工作,促进农业全面升级、农村全面进步、农民全面发展,才能让亿万农民有更多实实在在的获得感、幸福感、安全感,才能推进乡村全面振兴,才能为实现中华民族伟大复兴奠定坚实基础。

□ 实践指导

1. 把握农业农村现代化是实施乡村振兴战略的总目标,坚持农业农村优先发展是总方针,产业兴旺、生态宜居、乡风文明、治理有效、生活富裕是总要求,建立健全城乡融合发展体制机制和政策体系是制度保障,开启城乡融合发展和现代化建设新局面。

2. 坚持农业现代化和农村现代化一体设计、一并推进,实现农业大国向农业强国跨越,为国家的现代化提供坚实支撑,让亿万农民平等参与现代化进程、共同分享现代化成果。

3. 推动农业农村经济适应市场需求变化、加快优化升级、促进产业融合,加快推进农村生态文明建设、建设农村美丽家园;弘扬社会主义核心价值观,保护和传承农村优秀传统文化,加强农村公共文化建设,提高乡村社会文明程度;推进乡村治理能力和水平现代化,让农村既充满活力又和谐有序,不断满足广大农民群众日益增长的美好生活需要。

71. 粤港澳大湾区建设

 重要背景

  2017 年 7 月,习近平总书记在香港亲自见证国家发改委和粤、港、澳三地政府共同签署《深化粤港澳合作推进大湾区建设框架协议》。党的十九大报告指出,要支持香港、澳门融入国家发展大局,以粤港澳大湾区建设、粤港澳合作、泛珠三角区域合作等为重点,全面推进内地同香港、澳门互利合作。2018 年 3 月,习近平总书记在参加广东代表团审议时指出,要抓住建设粤港澳大湾区重大机遇,携手港澳加快推进相关工作,打造国际一流湾区和世界级城市群。同年 8 月,粤港澳大湾区建设领导小组全体会议在京首次召开。10 月,习近平总书记在广东考察时强调,要把粤港澳大湾区建设作为广东改革开放的大机遇、大文章,抓紧抓实办好。11 月,中共中央、国务院明确要求以香港、澳门、广州、深圳为中心引领粤港澳大湾区建设。

□ 简明要义

粤港澳大湾区,是由香港、澳门两个特别行政区和广东省的广州、深圳、珠海、佛山、中山、东莞、惠州、江门、肇庆九市组成的城市群,是国家建设世界级城市群和参与全球竞争的重要空间载体,是继美国纽约湾区和旧金山湾区、日本东京湾区之后的世界第四大湾区,是全国经济最活跃的地区。

粤港澳大湾区建设,是习近平总书记亲自谋划、亲自部署、亲自推动的国家战略,是新时代全面深化改革、推动形成全面开放新格局的新举措,是推动"一国两制"事业新发展、保持港澳长期繁荣稳定的新实践,是深化粤港澳合作、促进港澳与内地联动发展的新探索,是提升粤港澳对全国经济发展和对外开放支撑引领作用的总抓手。

□ 实践指导

推进粤港澳大湾区建设,必须严格遵循中央顶层设计,坚持互利共赢、融合发展,努力将粤港澳大湾区建设成为更具活力的经济区、宜居宜业宜游的优质生活圈和内地与港澳深度合作的示范区,携手打造国际一流湾区和世界级城市群。

1. 必须在"一国两制"框架内严格依照宪法和基本法办事,进一步建立互利共赢的区域合作关系,支持香港、澳门融入国家发展大局,为港澳发展注入新动能、拓展新空间。

2. 加强沟通协调，深入调查研究，积极回应港澳社会关切，注重用法治化市场化方式协调解决大湾区合作发展中的问题。

3. 强化规划引领，推动大湾区内各城市合理分工、功能互补，提高区域发展协调性，促进城乡融合发展，构建结构科学、集约高效的大湾区发展格局。

4. 以让老百姓得实惠为出发点和落脚点，实施好港澳居民证件便利化、进一步便利港澳居民到内地创业就业、大幅降低粤港澳通信漫游费用等政策措施。

5. 积极吸引和对接全球创新资源，建设"广州—深圳—香港—澳门"科技创新走廊，打造大湾区国际科技创新中心。

6. 加快构建与国际接轨的开放型经济新体制，建设高水平参与国际经济合作新平台，构筑丝绸之路经济带和 21 世纪海上丝绸之路对接融汇的重要支撑区。

72. 构建乡村治理新体系

 重要背景

2013 年 12 月,习近平总书记在中央农村工作会议上的讲话中提出,"重视农村基层党组织建设,加快完善乡村治理机制。"

习近平总书记在党的十九大报告中,把"健全自治、法治、德治相结合的乡村治理体系"写入新时代坚持和发展中国特色社会主义的基本方略,作为党和国家实施乡村振兴战略的重要内容加以强调。

2018 年 1 月,中共中央、国务院印发了《关于实施乡村振兴战略的意见》提出,加强农村基层基础工作,构建乡村治理新体系。

□ 简明要义

乡村振兴,治理有效是基础。必须把夯实基层基础作为固本之策,建立健全党委领导、政府负责、社会协同、公众参与、法治保障的现代乡村社会治理体制,坚持自治、法治、德治相结合,确保乡村社会充满活力、和谐有序。

乡村治理是社会治理的基础和关键,是国家治理体系和治理能力现代化的重要组成部分。党的十九大提出乡村振兴战略,并强调要健全自治、法治、德治相结合的乡村治理体系,这是我们党在新的历史方位,对乡村治理作出的重要要求。实施乡村振兴战略是新时代"三农"工作的总抓手,构建乡村治理新体系是实施乡村振兴战略的基础条件、路径选择和制度保障。在乡村振兴战略背景下构建乡村治理体系,推进乡村治理创新和转型,提升乡村治理能力,既能满足国家治理的现实要求,又能够切实维护人民群众的基本权益与利益需求,具有十分重要的历史和现实意义。

□ 实践指导

1. 加强农村基层党组织建设。扎实推进抓党建促乡村振兴,突出政治功能,提升组织力,抓乡促村,把农村基层党组织建成坚强战斗堡垒。

2. 深化村民自治实践。坚持自治为基,加强农村群众性自治组织建设,健全和创新村党组织领导的充满活力的村民自治机制。

3. 建设法治乡村。坚持法治为本,树立依法治理理念,强化法律在维护农民权益、规范市场运行、农业支持保护、生态环境治理、化解农村社会矛盾等方面的权威地位。

4. 提升乡村德治水平。深入挖掘乡村熟人社会蕴含的道德规范,结合时代要求进行创新,强化道德教化作用,引导农民向上向善、孝老爱亲、重义守信、勤俭持家。建立道德激励约束机制,引导农民自我管理、自我教育、自我服务、自我提高,实现家庭和睦、邻里和谐、干群融洽。

5.建设平安乡村。健全落实社会治安综合治理领导责任制,大力推进农村社会治安防控体系建设,推动社会治安防控力量下沉。深入开展扫黑除恶专项斗争,严厉打击农村黑恶势力、宗族恶势力,严厉打击黄赌毒盗拐骗等违法犯罪。

73. 开展质量提升行动

 重要背景

2014 年 5 月,习近平总书记在河南考察时提出,要"推动中国制造向中国创造转变、中国速度向中国质量转变、中国产品向中国品牌转变",指明了我国质量发展的方向、目标、任务和路径。

2015 年 10 月,党的十八届五中全会通过的《中共中央关于制定国民经济和社会发展第十三个五年规划的建议》提出,实施工业强基工程,开展质量品牌提升行动,支持企业瞄准国际同行业标杆推进技术改造,全面提高产品技术、工艺装备、能效环保等水平。

2017 年 9 月,中共中央、国务院印发了《关于开展质量提升行动的指导意见》,对开展质量提升行动作出顶层设计和重大战略部署。

党的十九大报告把"质量第一"和"质量强国"写入新时代坚持和发展中国特色社会主义的基本方略,作为"贯彻新发展理念,建设现代化经济体系"的重要内容加以强调。

□ 简明要义

到 2020 年,供给质量明显改善,供给体系更有效率,建设质量强国取得明显成效,质量总体水平显著提升,质量对提高全要素生产率和促进经济发展的贡献进一步增强,更好满足人民群众不断升级的消费需求。重点做到:产品、工程和服务质量明显提升;产业发展质量稳步提高;区域质量水平整体跃升;国家质量基础设施效能充分释放。

开展质量提升行动,是以习近平同志为核心的党中央在科学研判当前我国经济发展形势、准确把握经济发展规律包括质量发展规律的基础上,经过深思熟虑而作出的重大战略部署,蕴含着重大而深远的意义。主要体现在三个方面:

第一,这是我们坚定不移走强国路、加快实现中国梦的一个战略举措。质量强则国家强,质量兴则民族兴。大力开展质量提升行动,就是以质取胜、强国圆梦的重大行动。

第二,这是我们推动产业转型升级、经济迈向中高端的一个战略举措。提升质量是转型升级发展的一个重要突破口和抓手。盯住了这个突破口,抓住了这个抓手,就会把我国经济推向中高端。

第三,这是我们改善供给结构、满足人民群众消费需求的一个战略举措。要通过提升质量来改善供给,着力打造"中国制造"物美价廉的金字招牌,不仅满足国内消费需求,而且也能得到更多国外消费者的青睐,更深更广地纳入全球供给体系,从而实现更高质量的供需平衡。

□ 实践指导

1. 全面提升产品、工程和服务质量。增加农产品、食品药品优质供给；促进消费品提质升级；提升装备制造竞争力；提升原材料供给水平；提升建设工程质量水平；推动服务业提质增效；提升社会治理和公共服务水平；加快对外贸易优化升级。

2. 破除质量提升瓶颈。实施质量攻关工程；加快标准提档升级；激发质量创新活力；推进全面质量管理；加强全面质量监管；着力打造中国品牌；推进质量全民共治。

3. 夯实国家质量基础设施。加快国家质量基础设施体系建设；深化国家质量基础设施融合发展；提升公共技术服务能力；健全完善技术性贸易措施体系。

4. 改革完善质量发展政策和制度。加强质量制度建设；加大财政金融扶持力度；健全质量人才教育培养体系；健全质量激励制度。

5. 切实加强组织领导。实施质量强国战略；加强党对质量工作领导；狠抓督察考核；加强宣传动员。

74. 经济特区新的战略定位

 **重要背景**

　　兴办经济特区,是我们党和国家为推进改革开放和社会主义现代化建设作出的重大决策。1978年12月,党的十一届三中全会作出把党和国家工作中心转移到经济建设上来、实行改革开放的历史性决策,动员全党全国各族人民为社会主义现代化建设进行新的长征。为了推进改革开放和社会主义现代化建设,党中央决定兴办深圳、珠海、汕头、厦门4个经济特区,实行特殊政策和灵活措施,发挥对全国改革开放和社会主义现代化建设的重要窗口和示范作用。

　　2018年4月,习近平总书记在庆祝海南建省办经济特区30周年大会上的讲话中指出,"新形势、新任务、新挑战,赋予经济特区新的历史使命,经济特区要不忘初心、牢记使命,在伟大斗争、伟大工程、伟大事业、伟大梦想中寻找新的方位,把握好新的战略定位。"

□ 简明要义

经济特区要成为改革开放的重要窗口;经济特区要成为改革开放的试验平台;经济特区要成为改革开放的开拓者;经济特区要成为改革开放的实干家。

以习近平同志为核心的党中央着眼于国内国际大局、着眼于新时代、着眼于未来,充分肯定经济特区建设的历史功绩,深刻总结经济特区建设的宝贵经验,对经济特区改革发展提出新要求。党中央对经济特区明确新的战略定位、提出新的历史使命,为经济特区创造无愧于新时代的新业绩指明了方向。彰显了新时代中国坚定不移走改革开放这条正确之路、强国之路、富民之路的坚定决心,展现了治国理政的雄才大略和深谋远虑,对办好经济特区、把改革开放事业推向前进,具有重大现实意义和深远历史意义。

□ 实践指导

1. 经济特区要继续发挥好改革开放的重要窗口作用,坚持打开国门搞建设,坚持引进来和走出去并重,同各国扩大双向贸易和投资往来,共建开放型世界经济。要大幅度放宽市场准入,扩大服务业特别是金融业对外开放,创造更有吸引力的投资环境。要加强国际人文交流,促进民心相通、文化相融。

2. 经济特区要勇于扛起历史责任,适应国内外形势新变化,按照国家发展新要求,顺应人民新期待,发扬敢闯敢试、敢为人先、埋头苦干的特区精神,始终站在改革开放最前沿,在各方面体制机制改革方面先行先试、大胆探索,为全国提供更多可复制可推广的经验。

3.经济特区要坚持摸着石头过河,逢山开路,遇水架桥,在实践中求真知,在探索中找规律,不断形成新经验、深化新认识、贡献新方案。

4.经济特区要坚定舍我其谁的信念、勇当尖兵的决心,保持爬坡过坎的压力感、奋勇向前的使命感、干事创业的责任感,积极培育崇尚实干的环境,务实求变、务实求新、务实求进,为实干者撑腰,为干事者鼓劲,以昂扬的精神状态推动改革不停顿、开放不止步。

5.经济特区要坚持开放为先,实行更加积极主动的开放战略,加快建立开放型经济新体制,推动形成全面开放新格局;要站在更高起点谋划和推进改革,下大气力破除体制机制弊端,不断解放和发展社会生产力;要坚决贯彻新发展理念,建设现代化经济体系,在推动经济高质量发展方面走在全国前列;要牢固树立和全面践行绿水青山就是金山银山的理念,在生态文明体制改革上先行一步,为全国生态文明建设作出表率;要坚持以人民为中心的发展思想,不断满足人民日益增长的美好生活需要,让改革发展成果更多更公平惠及人民;要坚持和加强党的全面领导,确保全面深化改革开放正确方向。

75. 逆周期调节

重要背景

2012 年 12 月召开的中央经济工作会议就已经提出,"要继续实施积极的财政政策和稳健的货币政策,充分发挥逆周期调节和推动结构调整的作用。"

2018 年 12 月召开的中央经济工作会议重提逆周期调节,强调"宏观政策要强化逆周期调节,继续实施积极的财政政策和稳健的货币政策,适时预调微调,稳定总需求"。

□ 简明要义

经济发展的历史表明,国民产出和就业等宏观经济指标会出现有规律的扩张和收缩,这种周期性波动就是经济周期。一个完整的经济周期一般包含繁荣、衰退、萧条和复苏四个阶段。在这种情况下,政府可以有意识地利用经济政策,调节控制宏观经济运行,减轻周期波动对经济发展的不利影响,即通过逆周期调节,达到尽可能熨平经济周期的目的。

过去的 2018 年,在以习近平同志为核心的党中央坚强领导下,我们始终坚持稳中求进工作总基调,有效应对外部环境深刻变化,宏观调控目标较好完成,三大攻坚战开局良好,供给侧结构性改革深入推进,改革开放力度加大,稳妥应对中美经贸摩擦,人民生活持续改善,取得了来之不易的成绩。但是,未来经济运行稳中有变、变中有忧,外部环境复杂严峻,经济面临下行压力,其中就包含周期性问题。因此,宏观政策要进一步"强化逆周期调节,继续实施积极的财政政策和稳健的货币政策,适时预调微调,稳定总需求"。

□ 实践指导

当前内外需求处于下行周期,宏观政策需要发挥逆周期调节的作用,做好"六个稳",即稳就业、稳金融、稳外贸、稳外资、稳投资、稳预期,提振市场信心,稳定总需求。

1.继续实施积极的财政政策。实施更大规模的减税降费,减轻市场主体负担,促进生产扩展和供给增加;较大幅度增加地方政府专项债券规模,保障重点投资项目的资金需求;通过财政支出的示范和带动效应,在经济下行阶段提振市场信心,更好地发挥积极财政政策促进经济增长的作用。

2.继续实施稳健的货币政策。综合采用加大逆回购规模,增加再贷款、再贴现额度,定向降准降息,以及中期借贷便利等手段,保持流动性合理充裕;改善货币政策传导机制,使资金真正能够进入实体经济,支持实体经济发展;提高直接融资比重;着力解决好民营企业和小微企业融资难融资贵问题。

3.适时预调微调。根据形势变化适时预调微调,进一步提高财政政策和货币政策的针对性、灵活性、前瞻性,既要总量调节控制,又要结构优化调整,避免"大水漫灌"。

76.积极的财政政策

党的十八大以来,历届中央经济工作会议都使用了"积极的财政政策"这一表述。2018年12月召开的中央经济工作会议更加明确,"要实施好积极的财政政策和稳健的货币政策,实施就业优先政策,推动更大规模减税、更明显降费,有效缓解企业融资难融资贵问题""积极的财政政策要加力提效,实施更大规模的减税降费,较大幅度增加地方政府专项债券规模"。

□ 简明要义

积极的财政政策不是"大水漫灌"式的强刺激,而是要提高政策的前瞻性、灵活性、有效性,在扩大内需和结构调整上发挥更大作用,推动经济高质量发展。

一般来说,减税和增支,是积极财政政策发力的两大工具。减税,就是要采取更大规模的减税、更加明显的降费措施,真正让企业轻装上阵、放手发展;同时,推动完善有利于提高居民消费能力的收入分配制度,实施更加合理的个人所得税专项附加扣除方案等政策,增加居民收入,激发居民消费潜力。增支,就是要积极调整优化支出结构,严格控制一般性支出,加强"三公"经费管理,加大对重点领域和关键环节的投入力度。

面对当前经济运行稳中有变的复杂形势和外部环境发生的明显变化,继续实施积极的财政政策,大力实施减税降费,着力扩内需调结构,有利于中小企业发展、促进创业创新、稳定就业,更好地促进实体经济发展。

□ 实践指导

近一段时间以来,我国通过持续推进增值税改革,降低制造业、交通运输等行业增值税税率,减轻企业创新税收负担,激发了市场活力,对促进经济高质量发展发挥了重要作用。今后积极的财政政策"要加力提效,实施更大规模的减税降费,较大幅度增加地方政府专项债券规模"。

1.实施更大规模的减税降费。全面落实已出台的减税降费政策,同时抓紧研究更大规模的减税、更加明显的降费措施,增强企业对减税降费的获得感,提振投资、经营信心。落实好个人所得税专项附加扣除政策,增强消费能力。

2.增加地方政府专项债券规模。专项债券是地方政府为了建设某专项具体工程而发行的债券,有明确的用途,便于管理,可以直接精准投放资金。要根据财政部 2018 年 8 月印发的《关于做好地方政府专项债券发行工作的意见》的要求,较大幅度增加地方政府专项债券规模,更好地发挥专项债券对稳投资、扩内需、补短板的作用。

3.加大对重点领域和关键环节投入力度。保持财政资金在推动区域均衡发展、支持打好三大攻坚战、加强基本民生经费保障、支持创新驱动、生态环保等领域的支出强度。全面落实《中共中央 国务院关于全面实施预算绩效管理的意见》,对重点领域、关键环节和民生的投入要强调发挥支出效益。

77. 稳健的货币政策

 重要背景

党的十八大以来,历届中央经济工作会议都使用了"稳健的货币政策"这一表述。2018 年 12 月召开的中央经济工作会议更加明确,"要实施好积极的财政政策和稳健的货币政策,实施就业优先政策,推动更大规模减税、更明显降费,有效缓解企业融资难融资贵问题"、"稳健的货币政策要松紧适度,保持流动性合理充裕,改善货币政策传导机制,提高直接融资比重,解决好民营企业和小微企业融资难融资贵问题。"

□ 简明要义

根据中国人民银行金融研究所所长孙国锋的介绍,在我国货币政策操作实践中,货币政策取向由紧到松可分为"从紧""适度从紧""稳健""适度宽松"和"宽松"五个区间。我国曾在 2007 年下半年和 2008

年一季度短暂实施过"适度从紧"和"从紧"的货币政策,在 2008 年四季度至 2010 年末实施过两年零一个季度"适度宽松"的货币政策,2011 年起货币政策取向开始定为"稳健"。

稳健的货币政策要求根据经济形势变化灵活适度调整,有张有弛,加强逆周期调控,比如在遭遇外部冲击时,要偏向扩张,稳定市场预期,增强公众信心;在"挤泡沫"时,则应适度收紧,实现平稳调整。

稳健的货币政策从 2017 年中央经济工作会议的"保持中性"到 2018 年的"松紧适度",主要源于经济形势的变化。中央经济工作会议指出,"在充分肯定成绩的同时,要看到经济运行稳中有变、变中有忧",这就要求货币政策做出前瞻性灵活性的调整,松紧适度,熨平经济周期波动带来的负面影响。

□ 实践指导

实施好稳健的货币政策,全力做好金融服务实体经济的相关工作,需要采取以下四个方面的措施:

1. 保持流动性合理充裕。加大公开市场逆回购操作,保证市场流动性合理充裕;调增再贷款、再贴现额度,进一步增加流动性投放;通过降准、中期借贷便利(MLF)等渠道增加中长期流动性投放。

2. 改善货币政策传导机制。一是货币政策要处理好稳增长与防风险、内部平衡与外部平衡、宏观总量与微观信贷之间的关系,坚持结构性去杠杆的大方向;二是金融机构要下沉金融管理和服务重心,按照财务可持续原则,合理覆盖风险、优化考核激励,增强服务小微企业的内在动力;三是做好与其他部门的统筹协调,发挥好"几家抬"合力,坚持不懈抓好小微企业金融服务；四是改革体制机制，优化金融资源的配置，支持实体经济长期可持续发展。

3. 提高直接融资比重。拓展多层次、多元化、互补型股权融资渠道，改革股票发行制度，减少市场价格（指数）干预；积极发展债券市场，扩大债券融资规模，丰富债券市场品种；加强对中小投资者权益的保护，完善市场化并购重组机制。

4. 解决融资难融资贵问题。除了在宏观上使流动性合理充裕，同时还要采取更有针对性的政策措施，让流动性流到民营企业和最需要的地方，比如以再贷款、再贴现的形式支持商业银行针对小微企业和民营企业的借贷；完善民营企业债券融资支持工具，支持民营企业发债；研究设立民营企业股权融资支持工具；把银行业绩考核同支持民营经济发展挂钩，解决不敢贷、不愿贷的问题。

78. 供给侧结构性改革

 **重要背景**

2015 年 11 月,习近平总书记在中央财经领导小组第十一次会议上提出,在适度扩大总需求的同时,着力加强供给侧结构性改革,着力提高供给体系质量和效率,增强经济持续增长动力,推动我国社会生产力水平实现整体提升。

2016 年 1 月,习近平总书记在中央财经领导小组第十二次会议上强调,供给侧结构性改革的根本目的是提高社会生产力水平,落实好以人民为中心的发展思想。要在适度扩大总需求的同时,去产能、去库存、去杠杆、降成本、补短板,从生产领域加强优质供给,减少无效供给,扩大有效供给,提高供给结构适应性和灵活性,提高全要素生产率,使供给体系更好适应需求结构变化。

2016 年 5 月,中央财经领导小组召开第十三次会议。习近平总书记发表重要讲话强调,推进供给侧结构性改革,是综合研判世界经济形势和我国经济发展新常态所作出的重大决策,各地区各部门要把思想和行动统一到党中央决策部署上来,重点推进"三去一降一补"。

□ 简明要义

供给侧结构性改革，就是从提高供给质量出发，用改革的办法推进结构调整，矫正要素配置扭曲，扩大有效供给，提高供给结构对需求变化的适应性和灵活性，进而提高全要素生产率。

1. 宏观调控从以需求管理为主转变到以供给管理为主。1998 年以来，我国宏观调控主要是需求管理。随着时间推移，需求管理产生的副作用日渐凸显，尤其是解决中长期经济问题。针对经济发展中的一些新问题，根本解决之道在于从供给侧着手，推动结构性改革。因此，我国必须适时调整思路，推动宏观调控方式的转变。

2. 打造经济发展新动力。供给侧结构性改革的提出，表明我国坚持问题导向，对准新常态下经济新的突出矛盾，从供给侧入手，挖掘经济发展的潜能，推动经济长期可持续发展。

3. 推动社会生产力水平实现整体提升。我国经济发展正处于关键阶段，需要努力把供给侧结构性改革做好，同时继续适度扩大总需求，使我国经济在优化结构中实现转型升级、良性循环，增强发展的可持续性，推动社会生产力水平实现整体提升。

供给侧结构性改革关系全局、关系长远，既是提高宏观调控效率和实现稳增长的重要推进器，又是努力实现市场在资源配置中起决定性作用的关键举措，其根本目的就是提高供给质量，使供给能力更好满足人民日益增长的美好生活需要。

□ 实践指导

1. 积极稳妥"去产能",优化供给结构。大力破除无效供给,把处置"僵尸企业"作为重要抓手,推动化解过剩产能,将宝贵的资源要素从那些产能严重过剩、增长空间有限的产业和"僵尸企业"中释放出来,理顺供给侧,提高有效供给,创造新的生产力。

2. 重拳出击"去库存",清除供给冗余。解决房地产去库存问题,事关未来一段时期内我国经济社会发展大局,刻不容缓。

3. 防范风险"去杠杆",确保供给安全。在保持经济长期稳定增长的同时,标本兼治,逐步并有效地重组和化解债务,切实防范和化解系统性金融风险。

4. 多举并重"降成本",提升供给能力。大力降低实体经济成本,降低制度性交易成本,继续清理涉企收费,加大对乱收费的查处和整治力度,深化电力、石油天然气、铁路等行业改革,降低用能、物流成本。

5. 雪中送炭"补短板",扩大有效供给。"补短板"可以理解为供给侧结构性改革的"加法",通过扩大要素供给,提高经济增长质量与效益。对我国来说,最基本的路径就是大力培育新动能,强化科技创新,推动传统产业优化升级,培育一批具有创新能力的排头兵企业,积极推进军民融合深度发展。

6. 推进中国制造向中国创造转变,中国速度向中国质量转变,制造大国向制造强国转变。深化要素市场化配置改革,重点在"破"、"立"、"降"上下功夫。

79.区域协调发展新机制

 重要背景

2003 年 10 月,党的十六届三中全会通过了《中共中央关于完善社会主义市场经济体制若干问题的决定》,提出:"形成促进区域经济协调发展的机制","加强对区域发展的协调和指导,积极推进西部大开发,有效发挥中部地区综合优势,支持中西部地区加快改革发展,振兴东北地区等老工业基地,鼓励东部有条件地区率先基本实现现代化。"

2012 年 11 月,党的十八大报告提出:"继续实施区域发展总体战略,充分发挥各地区比较优势,优先推进西部大开发,全面振兴东北地区等老工业基地,大力促进中部地区崛起,积极支持东部地区率先发展。"

2017 年 10 月,习近平总书记在党的十九大报告中提出实施区域协调发展战略,同时首次提出建立更加有效的区域协调发展新机制。

2017 年 12 月召开的中央经济工作会议指出,实施区域协调发展战略。要实现基本公共服务均等化,基础设施通达程度比较均衡,人民生活水平大体相当。

□ 简明要义

区域协调发展是指根据资源环境承载能力、发展基础和潜力,按照发挥比较优势、加强薄弱环节、享受均等化基本公共服务的要求,逐步形成主体功能定位清晰,东中西良性互动、公共服务和人民生活水平差距趋向缩小的区域协调发展格局。

1. 实施区域协调发展战略是贯彻新发展理念,建设现代化经济体系必不可少的重要方面。只有协调和处理好发展中涉及的各种重大关系,消除扭曲、缩小差距、补齐短板,才能实现各区域、各行业持续健康发展。

2. 发展依然是党执政兴国的第一要务,解放和发展社会生产力,推动经济持续健康和协调发展,必须实施区域协调发展战略。体现了长远战略思维,改变了过于追求短期发展成效的观念。

3. 我国经济已转向高质量发展阶段,处于转变发展方式、优化经济结构、转换增长动力的攻关期,实施区域协调发展战略是跨越关口的迫切要求。

4. 要增强我国经济创新力和竞争力,激发全社会创新力和发展活力,实现更高质量、更有效率、更加公平、更可持续的发展,必须实施区域协调发展战略。

□ 实践指导

1. 建立更加有效的区域协调发展新机制。要加大对革命老区、民族地区、边疆地区、贫困地区的支持力度。强化举措，推进西部大开发形成新格局。深化改革，加快东北等老工业基地振兴。发挥优势，推动中部地区崛起。创新引领，率先实现东部地区优化发展。实现区域协调，共同推进。

2.高度重视发挥城市群在区域协调发展中的辐射带动作用。大城市群将有利于形成多极化、辐射带动力强的区域增长极，主导区域甚至全国经济的发展格局。要以城市群为主体，构建大中小城市和小城镇协调发展的城镇格局。城镇化一方面要重视大城市对中小城市的带动作用，另一方面要注重小城镇的协调发展，构建新型的城镇格局，提高我国城镇化水平，带动区域协调发展。

3.进一步打造横贯东中西、联结南北方的对外经济走廊，推动内陆与沿海沿边通关协作，实现口岸管理相关部门信息互换、监管互认、执法互助，释放内陆地区开放潜力，使广袤的内陆地区成为开放的战略腹地和新的经济增长点。

80. 京津冀协同发展

 重要背景

2014 年 2 月,习近平总书记在北京主持召开京津冀协同发展座谈会,提出京津冀协同发展的重大国家战略,并强调,实现京津冀协同发展,是面向未来打造新的首都经济圈、推进区域发展体制机制创新的需要,是探索完善城市群布局和形态、为优化开发区域发展提供示范和样板的需要,是探索生态文明建设有效路径、促进人口经济资源环境相协调的需要,是实现京津冀优势互补、促进环渤海经济区发展、带动北方腹地发展的需要,是一个重大国家战略,要坚持优势互补、互利共赢、扎实推进,加快走出一条科学持续的协同发展路子来。

2015 年 7 月,在京津冀协同发展工作推动会议上,张高丽副总理就贯彻落实《京津冀协同发展规划纲要》提出明确要求、作出安排部署。

□ 简明要义

京津冀协同发展,核心是京津冀三地作为一个整体协同发展,要以疏解非首都核心功能、解决北京"大城市病"为基本出发点,以资源环境承载能力为基础、以京津冀城市群建设为载体、以优化区域分工和产业布局为重点、以资源要素空间统筹规划利用为主线、以构建长效体制机制为抓手,着力调整优化城市布局和空间结构,构建现代化交通网络系统,扩大环境容量生态空间,着力推进产业升级转移,着力推动公共服务共建共享,着力加快市场一体化进程,加快打造现代化新型首都圈,努力形成京津冀目标同向、措施一体、优势互补、互利共赢的协同发展新格局,打造中国经济发展新的支撑带。

推动京津冀协同发展,是适应我国经济发展进入新常态,应对资源环境压力加大、区域发展不平衡矛盾日益突出等挑战,加快转变经济发展方式,培育增长新动力和新的增长极,优化区域发展格局的现实需要,意义十分重大。

1. 有利于破解首都发展长期积累的深层次矛盾和问题,优化提升首都核心功能,走出一条中国特色解决"大城市病"的路子。

2. 有利于完善城市群形态,优化生产力布局和空间结构,打造具有较强竞争力的世界级城市群。

3. 有利于引领经济发展新常态,全面对接"一带一路"等重大国家战略,增强对环渤海地区和北方腹地的辐射带动能力,为全国转型发展和全方位对外开放作出更大贡献。

□ 实践指导

1.加强顶层设计,编制首都经济圈一体化发展的相关规划,明确三地功能定位、产业分工、城市布局、设施配套、综合交通体系等重大问题,并从财政政策、投资政策、项目安排等方面形成具体措施。

2.加大对协同发展的推动,自觉打破自家"一亩三分地"的思维定式,抱成团朝着顶层设计的目标一起努力,充分发挥环渤海地区经济合作发展协调机制的作用。

3.加快推进产业对接协作,理顺三地产业发展链条,形成区域间产业合理分布和上下游联动机制,对接产业规划,避免同构性、同质化。

4.调整优化城市布局和空间结构,促进城市分工协作,提高城市群一体化水平,提高其综合承载能力和内涵发展水平。

5.扩大环境容量生态空间,加强生态环境保护合作,在已经启动大气污染防治协作机制的基础上,完善防护林建设、水资源保护、水环境治理、清洁能源使用等领域合作机制。

6.构建现代化交通网络系统,把交通一体化作为先行领域,加快构建快速、便捷、高效、安全、大容量、低成本的互联互通综合交通网络。

7.加快推进市场一体化进程,下决心破除限制资本、技术、产权、人才、劳动力等生产要素自由流动和优化配置的各种体制机制障碍,推动各种要素按照市场规律在区域内自由流动和优化配置。

81. 雄安新区

 重要背景

2016 年 3 月,习近平总书记主持召开中共中央政治局常委会会议,审议并原则同意《关于北京市行政副中心和疏解北京非首都功能集中承载地有关情况的汇报》,确定了新区规划选址,同意定名为"雄安新区"。

2016 年 5 月,中共中央政治局会议审议了《关于规划建设北京城市副中心和研究设立河北雄安新区的有关情况的汇报》。习近平总书记主持会议并指出:"建设北京城市副中心和雄安新区两个新城,形成北京新的'两翼'。"

2017 年 2 月,习近平总书记专程到河北省安新县进行实地考察,规划新区核心区概貌,在主持召开雄安新区规划建设工作座谈会时强调指出,规划建设雄安新区是具有重大历史意义的战略选择,是疏解北京非首都功能、推进京津冀协同发展的历史性工程。

2017 年 4 月,中共中央 国务院印发通知,决定设立河北雄安新区。

□ 简明要义

　　雄安新区规划范围涉及河北省雄县、容城、安新 3 县及周边部分区域,地处北京、天津、保定腹地,各方优势明显,土地水利环境地质支撑条件好,交通便捷通畅,生态环境优良,资源环境承载能力较强,发展空间充裕,是集中承接北京非首都功能疏解的首选之地。雄安新区规划建设以特定区域为起步区先行开发,规划起步区面积约 100 平方公里,中期发展区面积约 200 平方公里,远期控制区面积约 2000 平方公里。从首都区位看,北京城市副中心、雄安新区作为两翼分列北京中心城区的东侧和西南,定位清晰,错位发展,拱卫首都实现新腾跃。从河北区位看,雄安新区和以 2022 年北京冬奥会为契机推进建设的张北地区,呈现一南一北,是带动燕赵大地腾飞的两翼。

　　设立雄安新区,是以习近平同志为核心的党中央深入推进京津冀协同发展、有序疏解北京非首都功能作出的一项重大决策部署。雄安新区是继深圳经济特区、上海浦东新区之后又一具有全国意义的新区,是千年大计、国家大事。规划建设雄安新区,有利于集中疏解北京非首都功能,与北京城市副中心共同形成北京新的两翼;有利于加快补齐区域发展短板,提升河北经济社会发展质量和水平,培育形成新的区域增长极;有利于调整优化京津冀城市布局和空间结构,对于探索人口经济密集地区优化开发新模式,打造全国创新驱动发展新引擎,加快构建京津冀世界级城市群,具有重大现实意义和深远历史意义。

□ 实践指导

1. 规划建设雄安新区，要在党中央领导下，坚持稳中求进工作总基调，牢固树立和贯彻落实新发展理念，适应把握引领经济发展新常态，以推进供给侧结构性改革为主线，坚持世界眼光、国际标准、中国特色、高点定位，坚持生态优先、绿色发展，坚持以人民为中心、注重保障和改善民生，坚持保护弘扬中华优秀传统文化、延续历史文脉，建设绿色生态宜居新城区、创新驱动发展引领区、协调发展示范区、开放发展先行区，努力打造贯彻落实新发展理念的创新发展示范区。

2. 按照党中央、国务院决策部署，各有关方面要按照职能分工，密切合作，勇于创新，扎实工作，共同推进雄安新区规划建设。河北省要积极主动作为，加强组织领导，履行主体责任。坚持先谋后动、规划引领，用最先进的理念和国际一流的水准进行城市设计，建设标杆工程，打造城市建设的典范。要保持历史耐心，尊重城市建设规律，合理把握开发节奏。要加强对雄安新区与周边区域的统一规划管控，避免城市规模过度扩张，促进与周边城市融合发展。

3. 在推进京津冀协同发展的实践中，雄安新区要紧扣自身定位，突出抓好以下方面的重点任务：在城市建设方面要建设绿色智慧新城，建成国际一流、绿色、现代、智慧城市。在城市生态方面要打造优美生态环境，构建蓝绿交织、清新明亮、水城共融的生态城市。在产业发展方面要积极吸纳和集聚创新要素资源，发展高端高新产业，培育新动能。在城市管理方面要提供优质公共服务，建设优质公共设施，创建城市管理新样板。在基础设施方面要构建快捷高效交通网，打造绿色交通体系。在体制机制改革方面要充分发挥市场在资源配置中的决定性作用和更好发挥政府作用,激发市场活力。在对外开放方面要扩大全方位对外开放,打造扩大开放新高地和对外合作新平台。

82. 长江经济带

 重要背景

2014 年 4 月，李克强总理在重庆主持召开座谈会时提出依托黄金水道建设长江经济带，为中国经济持续发展提供重要支撑。他强调，贯彻落实党中央、国务院关于建设长江经济带的重大决策部署，对于有效扩大内需、促进经济稳定增长、调整区域结构、实现中国经济升级具有重要意义。

2014 年 9 月，国务院印发了《关于依托黄金水道推动长江经济带发展的指导意见》，为进一步开发长江黄金水道，加快推动长江经济带发展，提出总体要求。

2016 年 1 月，习近平总书记在重庆召开推动长江经济带发展座谈会时强调，推动长江经济带发展必须从中华民族长远利益考虑，走生态优先、绿色发展之路，使绿水青山产生巨大生态效益、经济效益、社会效益，使母亲河永葆生机活力。

2016 年 9 月，《长江经济带发展规划纲要》正式印发。《纲要》从规划背景、总体要求、大力保护长江生态环境等方面描绘了长江经济带发展的宏伟蓝图，是推动长江经济带发展重大国家战略的纲领性文件。

□ 简明要义

长江经济带覆盖上海、江苏、浙江、安徽、江西、湖北、湖南、重庆、四川、云南、贵州等 11 省市,面积约 205 万平方公里,占全国的 21%,人口和经济总量均超过全国的 40%,生态地位重要、综合实力较强、发展潜力巨大。长江经济带规划的重点以"一轴、两翼、三极、多点"的格局展开。"一轴"是指以长江黄金水道为依托,发挥上海、武汉、重庆的核心作用,以沿江主要城镇为节点,构建沿江绿色发展轴。"两翼"是指发挥长江主轴线的辐射带动作用,向南北两侧腹地延伸拓展,提升南北两翼支撑力,南翼以沪瑞运输通道为依托,北翼以沪蓉运输通道为依托,促进交通互联互通,加强长江重要支流保护,增强省会城市、重要节点城市人口和产业集聚能力,夯实长江经济带的发展基础。"三极"是指以长江三角洲城市群、长江中游城市群、成渝城市群为主体,发挥辐射带动作用,打造长江经济带三大增长极。"多点"是指发挥三大城市群以外地级城市的支撑作用,以资源环境承载力为基础,不断完善城市功能,发展优势产业,建设特色城市,加强与中心城市的经济联系与互动,带动地区经济发展。推动长江经济带发展具有重大意义:

1. 有利于走出一条生态优先、绿色发展之路,让中华民族母亲河永葆生机活力,真正使黄金水道产生黄金效益。

2. 有利于挖掘长江中上游广阔腹地蕴含的巨大内需潜力,促进经济增长空间从沿海向沿江内陆拓展,形成上中下游优势互补、协作互动格局,缩小东中西部发展差距。

3. 有利于打破行政分割和市场壁垒,推动经济要素有序自由流动、资源高效配置、市场统一融合,促进区域经济协同发展。

4.有利于优化沿江产业结构和城镇化布局,建设陆海双向对外开放新走廊,培育国际经济合作竞争新优势,促进经济提质增效升级,对于实现"两个一百年"奋斗目标和中华民族伟大复兴的中国梦,具有重大现实意义和深远历史意义。

□ 实践指导

1.把保护和修复长江生态环境摆在首要位置,建立健全最严格的生态环境保护和水资源管理制度,强化长江全流域生态修复,尊重自然规律及河流演变规律,协调处理好江河湖泊、上中下游、干流支流等关系,保护和改善流域生态服务功能。在保护生态的条件下推进发展,实现经济发展与资源环境相适应,走出一条绿色低碳循环发展的道路。

2.坚持制度创新、科技创新,推动重点领域和关键环节改革先行先试。健全技术创新市场导向机制,增强市场主体创新能力,促进创新资源综合集成。建设统一开放、竞争有序的现代市场体系,不搞"政策洼地",不搞"拉郎配"。

3.充分发挥各地区比较优势,以沿江综合立体交通走廊为支撑,推动各类要素跨区域有序自由流动和优化配置。建立区域联动合作机制,促进产业分工协作和有序转移,防止低水平重复建设。

4.深化向东开放,加快向西开放,统筹沿海内陆开放,扩大沿边开放。更好推动引进来和走出去相结合,更好利用国际国内两个市场、两种资源,构建开放型经济新体制,形成全方位开放新格局。

5.着眼长远发展,做好顶层设计,加强规划引导,既要有"快思维"

也要有"慢思维",既要做加法也要做减法,统筹推进各地区各领域改革和发展。统筹好、引导好、发挥好沿江各地积极性,形成统分结合、整体联动的工作机制。

83.陆海统筹

重要背景

2011年3月,国家"十二五"规划纲要明确提出"坚持陆海统筹,制定和实施海洋发展战略,提高海洋开发、控制、综合管理能力",并以独立章节进行阐述,表明了海洋对经济和社会科学发展的重要作用,标志着经济社会发展从以陆为主到陆海统筹的战略性转变。

2013年7月,习近平总书记在中共中央政治局就建设海洋强国研究进行第八次集体学习时强调,我国既是陆地大国,也是海洋大国,拥有广泛的海洋战略利益。我们要着眼于中国特色社会主义事业发展全局,统筹国内国际两个大局,坚持陆海统筹,坚持走依海富国、以海强国、人海和谐、合作共赢的发展道路,通过和平、发展、合作、共赢方式,扎实推进海洋强国建设。

□ 简明要义

陆海统筹是指从我国陆海兼备的国情出发,在进一步优化提升陆域国土开发的基础上,以提升海洋在国家发展全局中的战略地位为前提,以充分发挥海洋在资源环境保障、经济发展和国家安全维护中的作用为着力点,通过海陆资源开发、产业布局、交通通道建设、生态环境保护等领域的统筹协调,促进海陆两大系统的优势互补、良性互动和协调发展,增强国家对海洋的管控与利用能力,建设海洋强国,构建大陆文明与海洋文明相容并济的可持续发展格局。

陆海统筹是一种全新的发展理念和战略思维。实行陆海统筹,要综合协调和正确处理陆地和海洋开发的关系,确立陆海一体化、陆海联动协调发展的战略思路。陆海统筹是陆海发展空间与资源环境的整合。根据陆海两个地理单元的内在联系,统筹谋划陆地与海洋两大系统的资源利用、经济发展、环境保护、生态安全和区域政策,把陆海地理、社会、经济、文化、生态系统整合为一个统一体。

随着综合国力和国际影响力不断上升,我国作为陆海兼备的大国,国家安全与发展利益日益由陆地向海洋扩展。加强陆海统筹,实施陆海并重战略,既是建设海洋强国的重要途径,又是实现中华民族伟大复兴、迈向世界强国的必然选择。

□ 实践指导

1. 转变"重陆地轻海洋"的传统观念,强调"陆海并重,统筹发展"的新思路。特别要提升对海洋相关建设和研究的重视程度,积极宣传海洋知识和文化,开展相关研究,增强国民的海洋意识,推动形成理性科学的"海洋观",指导陆海统筹的全面协调推进。

2. 统筹陆海国土资源空间开发布局,将陆地和海洋看作统一的有机整体。加强陆地与海洋之间的相互协调,促进陆海之间资源和优势的相互促进、相互补充,争取实现陆海资源互补、陆海发展并举、陆海安全并重的目标。

3.重视陆海交通基础设施和通道建设。陆海统筹,交通基础设施先行。海洋港口建设、陆海通道建设,是开展陆海统筹的前提条件,也是实现陆海统筹的基础。完善的陆海交通基础设施,能够加强陆海联通,促进陆海均衡发展。

4.重视陆海生态环境的保护。新发展理念中大力倡导"协调"和"绿色"的发展理念,在统筹陆海协调发展的同时,应当特别重视陆海生态环境保护,不走"先污染、后治理"的老路。加大相关工程的环境保护和监管力度,切实保障陆海生态环境不遭受污染和破坏。

84. 双支柱调控框架

 重要背景

2017 年 2 月，在中国人民银行发布的《2016 年第四季度中国货币政策执行报告》中已经出现"货币政策+宏观审慎政策"双支柱的金融调控政策框架这一表述。在同年 3 月举行的中国金融学会学术年会上，中国人民银行有关领导同志表示，中国人民银行明确提出探索建立"货币政策+宏观审慎政策"双支柱政策框架，积极探索二者间的协调配合。

□ 简明要义

双支柱调控框架是货币政策和宏观审慎政策的有机结合。

1.货币政策指的是中央银行为了实现既定目标而采取的政策措施，传统的货币政策工具包括法定准备金率、公开市场业务和再贴现政策。但是市场行为具有明显的顺周期性，跨市场风险传染性较强，只依靠货币政策不足以维持金融系统稳定。

2.宏观审慎政策是针对金融顺周期行为和跨市场风险传染采取的政策措施,目前包括差别准备金动态调整机制、跨境资本流动和房地产市场的宏观审慎管理。

在当前防控金融风险、维护金融稳定的大背景下,货币政策和宏观审慎政策双支柱调控框架应运而生,有利于防范金融风险,维护金融稳定,推进供给侧结构性改革,实现我国经济持续健康发展。

□ 实践指导

1.进一步完善宏观审慎政策。适时将表外理财纳入宏观审慎评估,合理引导金融机构加强对表外业务风险的管理,逐步探索将更多金融活动和金融市场纳入宏观审慎管理,完善宏观审慎政策。

2.加强货币政策与宏观审慎政策之间的配合。加强中国人民银行、证监会、银监会、保监会等金融调控与监管机构之间的信息沟通和政策协调,建立有效的协调配合机制,保证货币政策与宏观审慎政策各司其职,避免发生政策叠加或冲突。完善中央与地方的金融监管协调机制,规范金融监管协作机制,加强中央与地方之间的信息资源共享和联防联动。

3.加强双支柱政策与微观审慎监管之间的配合。坚持宏观审慎监管与微观审慎监管并重,在加强微观审慎政策对个体金融机构监管的同时,更加注重宏观审慎政策对金融机构之间和整个金融系统的监管。建立健全金融体系的制度设计,使经济主体及监管部门能够对经济和金融变化作出合理的反应。

4. 加强重点领域的风险防范和处置。密切关注房地产市场的价格波动,有针对性地防范房地产市场的潜在风险。加强对互联网金融与金融创新风险的监控和防范,及时识别、判断、评估、控制和处置这些活动中的所有风险。

5. 健全风险监测预警和早期干预机制,加强金融基础设施的统筹监管和互联互通,构建科学合理的金融业统计框架体系,推进金融业综合统计和监管信息共享。

85. 和谐劳动关系

 重要背景

2006 年 10 月,党的十六届六中全会通过《关于构建社会主义和谐社会若干重大问题的决定》,提出"发展和谐劳动关系",并将其作为推进以改善民生为重点的社会建设、构建和谐社会的重要任务。

习近平总书记曾于 2011 年 8 月在全国构建和谐劳动关系先进表彰暨经验交流会上指出,构建和谐劳动关系,是建设社会主义和谐社会的重要基础,是增强党的执政基础、巩固党的执政地位的必然要求,是坚持中国特色社会主义道路、贯彻中国特色社会主义理论体系、完善中国特色社会主义制度的重要组成部分,其经济、政治、社会意义十分重大而深远。各级党委和政府要进一步提高认识、强化责任,把构建和谐劳动关系作为一项重要而紧迫的政治任务抓实抓好。

2012 年 11 月,党的十八大报告明确提出构建和谐劳动关系,健全劳动标准体系和劳动关系协调机制,加强劳动保障监察和争议调解仲裁,对构建和谐劳动关系提出了新的要求。

2015 年 3 月,中共中央 国务院印发了《关于构建和谐劳动关系的意见》,中国特色和谐劳动关系的理论内涵和制度实践愈加清晰。

□ 简明要义

建立规范有序、公正合理、互利共赢、和谐稳定的劳动关系,能够推动科学发展,促进社会和谐。

1. 坚持以人为本。和谐劳动关系着力解决广大职工最关心、最直接、最现实的利益问题,切实维护他们的经济权益、政治权益、文化权益、社会权益。

2. 坚持依法构建。通过健全劳动保障法律法规,构建和谐劳动关系能增强企业依法用工意识,提高职工依法维权能力,加强劳动保障执法监督和劳动纠纷调处,依法处理劳动关系矛盾。

3. 坚持共建共享。构建和谐劳动关系,能够统筹处理好促进企业发展和维护职工权益的关系,调动劳动关系主体双方的积极性、主动性,推动企业和职工协商共事、机制共建、效益共创、利益共享。

4. 坚持改革创新。从我国基本经济制度出发,统筹考虑公有制经济、非公有制经济和混合所有制经济的特点,不断探究和把握社会主义市场经济条件下劳动关系的规律性,积极稳妥地推进具有中国特色的劳动关系工作理论、体制、制度、机制和方法创新。

只有努力构建中国特色和谐劳动关系,妥善解决影响劳动关系和谐稳定的突出问题,维护好职工群众的切身利益,才能为全社会的发展、稳定、和谐奠定坚实基础。

□ 实践指导

1. 健全劳动标准体系。劳动标准体系是维护劳动者权益、稳定劳动关系的一项基本制度保障。在推进企业改革改制和发展多种所有制经济过程中，现行劳动标准体系难以适应和满足维护职工权益的需要，亟待完善。因此，要加快制定新的劳动标准，进一步健全有利于维护劳动者权益的劳动标准体系。

2. 健全劳动关系协调机制。深化劳动关系改革，创新劳动关系体制机制，形成反应灵敏、运转有序的协调劳动关系机制，是有效预防、化解、处置劳动关系矛盾的关键。以政府、工会和企业组织协调劳动关系三方机制为重点，加快完善社会协商机制，充分发挥三方机制共同研究解决劳动关系领域重大问题的独特作用，深入开展和谐劳动关系创建活动。

3. 加强劳动保障监察。加强劳动保障监察，就是要完善和落实劳动保障监察执法制度，健全违法行为预警防控机制，建立劳动保障监察执法与刑事司法联动等多部门综合治理机制，畅通举报投诉渠道，组织开展专项执法监察和专项整治，及时有效查处侵害劳动者权益的违法案件。

4. 加强争议调解仲裁。对劳动关系中可能发生的矛盾纠纷，要坚持预防为主、调解为主，加强源头治理，发挥调解仲裁组织的作用，及时把矛盾纠纷化解在基层、化解在萌芽状态。

5. 构建和谐劳动关系是一项系统工程，必须坚持系统治理思想，充分发挥党委领导和政府主导作用，加强与社会各方的协调配合，加快健全党委领导、政府负责、社会协同、企业和职工参与、法治保障的工作体制。

86. 两个同步

 重要背景

2010 年 10 月,党的十七届五中全会通过的《中共中央关于制定国民经济和社会发展第十二个五年规划的建议》提出"两个同步",努力实现居民收入增长和经济发展同步、劳动报酬增长和劳动生产率提高同步。

2012 年 11 月,党的十八大报告提出,要"千方百计增加居民收入",必须深化收入分配制度改革,努力实现居民收入增长和经济发展同步、劳动报酬增长和劳动生产率提高同步,提高居民收入在国民收入分配中的比重,提高劳动报酬在初次分配中的比重。在 2015 年召开的党的十八届五中全会上,习近平总书记再次强调了"两个同步"。

2015 年 11 月,习近平总书记在主持中共中央政治局第二十八次集体学习时指出,要坚持和完善社会主义基本分配制度,努力推动居民收入增长和经济增长同步、劳动报酬提高和劳动生产率提高同步,不断健全体制机制和具体政策,调整国民收入分配格局,持续增加城乡居民收入,不断缩小收入差距。

□ 简明要义

实现"两个同步"，说明我们不再一味追求经济总量的快速增长，而是下决心更加重视居民收入的提高，同时也意味着城乡居民收入与经济增长挂钩，可以共享经济发展带来的财富收益。

1. 实现"两个同步"，是经济发展更多惠及城乡居民的具体体现。近年来，我国综合国力跃上新台阶，在世界经济格局中占据日益重要的位置。与此同时，收入分配领域的矛盾也越来越被关注，比如居民收入占国民收入的比重偏低，劳动报酬在初次分配中的比重偏低，城乡、区域、行业和社会成员之间收入差距偏大。提出"两个同步"，体现了民生优先、惠民富民的政策取向，表明国家下决心从追求"国富"转向更加追求"民富"。

2. 实现"两个同步"，是转变经济发展方式、提高经济发展质量的内在要求。经济发展的内涵既包括较快增长，也包括合理分配，要求既要把"蛋糕"做大，又要把"蛋糕"分好。生产、分配、交换、消费是社会再生产过程的四个环节，生产与分配相互促进、相互制约，生产决定分配，分配促进生产。没有经济的持续增长，分配就没有可靠的物质基础；没有合理分配，增长也会缺乏持久动力和稳定的社会环境。唯有不断提高居民收入水平，扩大内需与居民消费，提高国民创业与创富能力，我国才能真正获得长期可持续发展的基础，并促进经济发展方式加快转变。

3. 实现"两个同步"，正确处理好经济发展与收入分配的关系，在经济发展与收入分配之间找到平衡点，逐步实现发展成果由全体人民共享。

□ 实践指导

1. 推动体制机制改革,促进公平分配。当前,城乡差距、地区差距以及行业差距在一定程度上与现有的体制机制有联系。缩小收入差距,就应改革这些造成收入分配不公的体制机制,建立公平的收入分配制度环境。

2. 建立工资正常增长的机制,提高劳动者报酬水平。从长期来看,要有效提高劳动报酬在初次分配中的比重,需要建立保障工资合理增长的机制。

3. 从制度上保证劳动收益,初次分配和再分配都要兼顾效率和公平,再分配更加注重公平。完善劳动、资本、技术、管理等要素按贡献参与分配的初次分配机制,加快健全以税收、社会保障、转移支付等为主要手段的再分配调节机制。

4. 加强劳动保护,严格执行劳动合同法,进一步完善劳动合同制度和劳动保护制度,加大劳动监督力度,完善保障工资增长的协调机制。

5. 完善社会保障制度,让人人享有基本社会保障。建立覆盖所有城乡居民的社会保障制度,让人人享有基本的社会保障是调整收入分配格局,让所有人都能共享经济发展成果的重要手段。

87. 精准扶贫

 重要背景

2013 年 11 月,习近平总书记在湖南湘西考察工作时提出了"精准扶贫",强调扶贫要实事求是,因地制宜。要精准扶贫,切忌喊口号,也不要定好高骛远的目标。随后,中共中央办公厅通过下发一系列通知,对精准扶贫工作模式的顶层设计、总体布局和工作机制等方面都做了详尽规制。

2015 年 10 月,习近平总书记在 2015 减贫与发展高层论坛上强调,中国扶贫攻坚工作实施精准扶贫方略,注重六个精准,即扶持对象精准、项目安排精准、资金使用精准、措施到户精准、因村派人精准、脱贫成效精准,确保各项政策好处落到扶贫对象身上。坚持分类施策,因人因地施策,因贫困原因施策,因贫困类型施策,通过扶持生产和就业发展一批,通过易地搬迁安置一批,通过生态保护脱贫一批,通过教育扶贫脱贫一批,通过低保政策兜底一批,广泛动员全社会力量,支持和鼓励全社会采取灵活多样的形式参与扶贫。

□ 简明要义

当前,扶贫开发工作已进入冲刺期,从解决突出问题入手,建立有内生动力、有活力,能够让贫困人口自己劳动致富的长效机制,根本在于精准扶贫。

1. 精准扶贫是新时代党和国家扶贫工作的精髓和亮点。党的十八大以来,我国经济腾飞发展,人民生活水平不断提高,但扶贫开发任务依然艰巨而繁重,已进入啃硬骨头、攻城拔寨的冲刺期,对党和国家的扶贫工作也提出了新要求。精准扶贫正是党中央治国理政方略中对新时代扶贫工作新挑战与新要求的积极应对和正确指引。

2. 精准扶贫是"共同富裕"原则的发展和延伸。实施精细化的扶贫方式,从扶贫机制上由主要依赖经济增长的"涓滴效应"到更加注重"靶向性",对目标人群直接加以扶贫干预的动态调整。因此,精准扶贫就是要帮助每一个贫困人口都摸索出适合自己的致富路线,从而实现全体人民的共同富裕。

3. 精准扶贫是全面建成小康社会、实现中华民族伟大复兴中国梦的重要保障。没有农村的小康,特别是没有贫困地区的小康,就没有全面建成小康社会。这就要求我们必须坚定地走精准扶贫之路,让贫困地区人民主动、自信、坚定地走上脱贫致富的道路,早日全面建成小康社会,实现中华民族伟大复兴的中国梦。

精准扶贫这一概念的提出既是中国特色社会主义道路的重大实践,也是中国共产党兑现在建党时就提出来的带领全国人民走社会主义共同富裕道路的庄严承诺。

□ 实践指导

1.加强基层组织建设。能否实现脱贫目标,乡、村两级党支部的引领作用至关重要。通过完善工作制度和议事制度等各项规章制度,逐步形成村民自主决策、自我管理、自我服务的长效机制。

2.强化社会合力。扶贫开发是全社会的共同责任,通过坚持专项扶贫、行业扶贫、社会扶贫等多方力量、多种举措有机结合和互为支撑的"三位一体"大扶贫格局,健全东西部协作、党政机关定点扶贫机制,广泛调动社会各界参与扶贫开发的积极性。

3.强化扶贫资金监管。扶贫部门要严格执行扶贫资金管理制度,加强监督检查,规范资金管理,确保资金专款专用。每一笔扶贫资金的使用,都要做到政策、资金和项目"三公开"。

4.建立后期帮扶跟进机制。贫困人口脱贫后,要落实责任人进行3—5年的跟踪,继续帮助解决生产生活中的困难问题,直至其持续发展,实现稳定脱贫。

5.打好精准脱贫攻坚战,保证现行标准下的脱贫质量,既不降低标准,也不吊高胃口,瞄准特定贫困群众精准帮扶,向深度贫困地区聚焦发力,激发贫困人口内生动力。

88. 放管服

 重要背景

2015 年 5 月,李克强总理在全国推进简政放权放管结合职能转变工作电视电话会议上提出,"当前和今后一个时期,深化行政体制改革、转变政府职能总的要求是:简政放权、放管结合、优化服务协同推进,即'放、管、服'三管齐下。"

2017 年 6 月,国务院召开全国深化简政放权放管结合优化服务改革电视电话会议。李克强总理指出,要紧紧围绕处理好政府与市场关系,按照使市场在资源配置中起决定性作用和更好发挥政府作用的要求,始终抓住"放管服"改革这一牛鼻子,坚韧不拔地推进这一"牵一发动全身"的改革,加快政府职能转变。

2017 年 6 月,国务院办公厅印发了《全国深化简政放权放管结合优化服务改革电视电话会议重点任务分工方案》,对今后一个时期简政放权、放管结合、优化服务改革工作作出整体部署。

□ 简明要义

"放管服"，是简政放权、放管结合、优化服务的简称。"放"即简政放权，降低准入门槛。"管"即公正监管，促进公平竞争。"服"即高效服务，营造便利环境。"放管服"三者之间是有机统一的关系：

1."简政放权"是前提。如果政府不进行简政放权，依然采取什么事都想管，什么事都要管的"大政府"模式，那么转变政府职能就无从说起。

2."放管结合"是基本要求。"放"和"管"是辩证统一的关系。"简政放权"并不是一味地把权力下放，而是要做到"放管结合"。有些权力下放之后，必须做好适当的监管。同时政府应当做到管不好的不管，把该管的管好。

3."优化服务"是目的。优化服务是政府职能转变的最终目的，政府的本质就是为人民服务。这是"放管服"的基本出发点和落脚点。简政放权和放管结合只是实现优化服务这个最终目的的手段。

近年来，面对经济下行压力增大和传统动能减弱，我国没有搞"强刺激"，而是把推进"放管服"作为宏观调控的关键性工具，着力推动结构性改革尤其是供给侧结构性改革，充分调动市场主体积极性。只有通过"放管服"来营造公平便利的市场环境，才能推动大众创业、万众创新的蓬勃兴起，有力支撑经济运行在合理区间，推动新经济、新动能加快发展。

☐ 实践指导

1. 推动简政放权向纵深发展。下决心继续减少审批,相同相近、关联事项要一并取消或下放,并确保基层接得住、管得好。深入推进商事制度改革和"证照分离"改革试点,继续削减前置审批和不必要证照。大幅减少和规范涉企收费及审批评估事项。推广地方实施综合审批的经验。推进政务公开,打通"信息孤岛",使群众和企业了解、监督、评价"放管服"情况。加快制定公开相关部门权力清单、责任清单,及时发布突发敏感事件处置信息,回应社会关切。

2. 推进政府监管体制改革。实施公正监管,全面推开和细化"双随机、一公开"模式,建立企业信用联合激励与惩戒机制。完善综合监管,推进市县两级综合行政执法改革,减少多头执法和重复检查,消除监管盲点。探索审慎监管,对新业态、新模式等新生事物,既支持创新发展,激发活力,又合理有效监管,防范风险。

3. 优化政府服务。提高服务"双创"的效率,为企业开办和成长提供"一条龙"服务,使新注册企业增长势头不减、活跃度提升。提高公共服务供给效率,推广政府和社会资本合作模式,多渠道提升公共服务共建能力和共享水平。提高政务服务效率,依托"互联网+政务服务",让企业和群众办事更方便、更快捷。优化服务还要保住基本民生,切实兜牢底线。

89. 金融安全

重要背景

2017 年 4 月,中共中央政治局就维护国家金融安全进行第四十次集体学习,习近平总书记在主持学习时强调,金融安全是国家安全的重要组成部分,是经济平稳健康发展的重要基础。维护金融安全,是关系我国经济社会发展全局的一件带有战略性、根本性的大事。金融活,经济活;金融稳,经济稳。必须充分认识金融在经济发展和社会生活中的重要地位和作用,切实把维护金融安全作为治国理政的一件大事,扎扎实实把金融工作做好。

□ 简明要义

金融是现代经济的核心。保持经济平稳健康发展,一定要把金融搞好。改革开放以来,我们对金融工作和金融安全始终是高度重视的,我国金融业发展取得巨大成就,金融成为资源配置和宏观调控的重要工具,成为推动经济社会发展的重要力量。党的十八大以来,我们反复强调要把防控金融风险放到更加重要的位置,牢牢守住不发生系统性风险底线,采取一系列措施加强金融监管,防范和化解金融风险,维护金融安全和稳定,把住了发展大势。随着金融改革不断深化,金融体系、金融市场、金融监管和调控体系日益完善,金融机构实力大大增强,我国已成为重要的世界金融大国。

准确判断风险隐患是保障金融安全的前提。总体看,我国金融形势是良好的,金融风险是可控的。同时,在国际国内经济下行压力因素综合影响下,我国金融发展面临不少风险和挑战。在经济全球化深入发展的今天,金融危机外溢性凸显,国际金融风险点仍然不少。一些国家的货币政策和财政政策调整形成的风险外溢效应,有可能对我国金融安全形成外部冲击。对存在的金融风险点,我们一定要胸中有数,增强风险防范意识,未雨绸缪,密切监测,准确预判,有效防范,不忽视一个风险,不放过一个隐患。

维护金融安全,要坚持底线思维,坚持问题导向,在全面做好金融工作基础上,着力深化金融改革,加强金融监管,科学防范风险,强化安全能力建设,不断提高金融业竞争能力、抗风险能力、可持续发展能力,坚决守住不发生系统性金融风险底线。发展金融业需要学习借鉴外国有益经验,但必须立足国情,从我国实际出发,准确把握我国金融发展特点和规律,不能照抄照搬。

□ 实践指导

1.深化金融改革,完善金融体系,推进金融业公司治理改革,强化审慎合规经营理念,推动金融机构切实承担起风险管理责任,完善市场规则,健全市场化、法治化违约处置机制。

2. 加强金融监管,统筹监管系统重要性金融机构,统筹监管金融控股公司和重要金融基础设施,统筹负责金融业综合统计,确保金融系统良性运转,确保管理部门把住重点环节,确保风险防控耳聪目明,形成金融发展和监管强大合力,补齐监管短板,避免监管空白。

3. 采取措施处置风险点,着力控制增量,积极处置存量,打击逃废债行为,控制好杠杆率,加大对市场违法违规行为打击力度,重点针对金融市场和互联网金融开展全面摸排和查处。

4. 为实体经济发展创造良好金融环境,疏通金融进入实体经济的渠道,积极规范发展多层次资本市场,扩大直接融资,加强信贷政策指引,鼓励金融机构加大对先进制造业等领域的资金支持,推进供给侧结构性改革。

5. 提高领导干部金融工作能力,领导干部特别是高级干部要努力学习金融知识,熟悉金融业务,把握金融规律,既要学会用金融手段促进经济社会发展,又要学会防范和化解金融风险,强化监管意识,提高监管效率。

6. 加强党对金融工作的领导,坚持党中央集中统一领导,完善党领导金融工作的体制机制,加强制度化建设,完善定期研究金融发展战略、分析金融形势、决定金融方针政策的工作机制,提高金融决策科学化水平。金融部门要按照职能分工,负起责任。地方各级党委和政府要按照党中央决策部署,做好本地区金融发展和稳定工作,做到守土有责,形成全国一盘棋的金融风险防控格局。

90.三去一降一补

重要背景

2015年12月举行的中央经济工作会议提出了"三去一降一补"。2016年1月,习近平总书记在省部级主要领导干部研讨班上的讲话中阐释了"三去一降一补"。

□ 简明要义

"三去一降一补"是指去产能、去库存、去杠杆、降成本、补短板,是供给侧结构性改革的重要切入点。

"三去一降一补"相互关联、环环相扣。去产能、去库存,是为了调整供求关系、缓解工业品价格下行压力,也是为了企业去杠杆,既减少实体经济债务和利息负担,又在宏观上防范金融风险。降成本、补短板,是为了提高企业竞争力、改善企业发展外部条件、增加经济潜在增长能力。

提出"三去一降一补"，有利于深化供给侧结构性改革，从生产领域加强优质供给，减少无效供给，扩大有效供给，提高供给结构对需求变化的适应性和灵活性，提高全要素生产率，使供给体系更好适应需求结构变化，促进我国经济平稳健康发展。

□ 实践指导

坚持推进"三去一降一补"，一要积极稳妥化解产能过剩，研究制定全面配套的政策体系，妥善处理保持社会稳定和推进结构性改革的关系。二要化解房地产库存，按照加快提高户籍人口城镇化率和深化住房制度改革的要求，稳定房地产市场。三要防范化解金融风险，加强金融监管和预警，坚决守住不发生系统性和区域性金融风险的底线。四要帮助企业降低成本，开展降低实体经济企业成本行动，打出"组合拳"。五要扩大有效供给，打好脱贫攻坚战，坚持精准扶贫、精准脱贫，培育发展新产业。

91. 三大攻坚战

 重要背景

2017 年 7 月，习近平总书记在省部级主要领导干部专题研讨班开班式上强调，"特别是要坚决打好防范化解重大风险、精准脱贫、污染防治的攻坚战"。党的十九大报告，把打好这三大攻坚战作为决胜全面建成小康社会的重要任务，特别提了出来。

□ 简明要义

打好防范化解重大风险攻坚战，就是把防范风险摆在突出位置，对我们面临的国内经济、政治、意识形态、社会风险以及来自自然界的风险，国际经济、政治、军事风险等采取有效措施防范化解，力争不出现重大风险或在出现重大风险时扛得住、过得去。

打好精准脱贫攻坚战，就是坚决如期完成决胜全面建成小康社会的脱贫攻坚目标，到 2020 年实现"两个确保"：确保我国现行标准下农村贫困人口实现脱贫,确保贫困县全部摘帽,解决区域性整体贫困。

打好污染防治攻坚战,就是着力解决突出环境问题,全民共治、源头防治,攻克生态环境特别是大气、水、土壤污染严重的痼疾,改善生态环境,提高群众的幸福指数。

到 2020 年全面建成小康社会,实现第一个百年奋斗目标,是我们党向人民、向历史作出的庄严承诺。打好三大攻坚战,全面建成小康社会才能够取得决胜,才经得起历史检验;必将极大提高全国各族人民的获得感、幸福感,极大增强人们对全面建成小康社会的认同感。

打好三大攻坚战,是一鼓作气向第二个百年目标冲刺的现实需要。由大国迈向强国,需要啃下防范化解重大风险、精准脱贫、污染防治的"硬骨头",不断砥砺前行。

□ 实践指导

打好防范化解重大风险、精准脱贫、污染防治攻坚战,必须具有决胜的精神状态和切实有效的方法举措。防范化解重大风险,特别是守住不发生系统性金融风险的底线,必须着力提高风险防范化解能力,增强对经济社会平稳健康发展的驾驭能力;对难中之难的脱贫攻坚,必须坚持精准扶贫、精准脱贫基本方略,既要有愚公移山志,还要有科学破解力;在与群众切身利益密切相关的污染防治中,必须把生态文明建设摆在突出地位,下大力扭转和解决群众反映强烈的问题,使生态环境恶化的状况有一个明显改变。

92. 打赢脱贫攻坚战三年行动的目标任务

 重要背景

2015 年 11 月,习近平总书记在中央扶贫开发工作会议上的讲话中提出,"坚决打赢脱贫攻坚战,确保到 2020 年所有贫困地区和贫困人口一道迈入全面小康社会。"随后,习近平总书记多次强调"坚决打赢脱贫攻坚战"。

习近平总书记在党的十九大报告中,把"坚决打赢脱贫攻坚战"写入新时代坚持和发展中国特色社会主义的基本方略,作为党和国家"三大攻坚战"之一进一步确定下来。

2018 年 6 月,中共中央、国务院印发了《关于打赢脱贫攻坚战三年行动的指导意见》,正式明确打赢脱贫攻坚战三年行动的目标任务。

□ 简明要义

到 2020 年,巩固脱贫成果,通过发展生产脱贫一批,易地搬迁脱贫一批,生态补偿脱贫一批,发展教育脱贫一批,社会保障兜底一批,因地制宜综合施策,确保现行标准下农村贫困人口实现脱贫,消除绝对贫困;确保贫困县全部摘帽,解决区域性整体贫困。实现贫困地区农民人均可支配收入增长幅度高于全国平均水平。实现贫困地区基本公共服务主要领域指标接近全国平均水平,主要有:贫困地区具备条件的乡镇和建制村通硬化路,贫困村全部实现通动力电,全面解决贫困人口住房和饮水安全问题,贫困村达到人居环境干净整洁的基本要求,切实解决义务教育学生因贫失学辍学问题,基本养老保险和基本医疗保险、大病保险实现贫困人口全覆盖,最低生活保障实现应保尽保。集中连片特困地区和革命老区、民族地区、边疆地区发展环境明显改善,深度贫困地区如期完成全面脱贫任务。

党的十八大以来,以习近平同志为核心的党中央把脱贫攻坚工作纳入"五位一体"总体布局和"四个全面"战略布局,作为实现第一个百年奋斗目标的重点任务,作出一系列重大部署和安排,全面打响脱贫攻坚战,脱贫攻坚取得决定性进展,创造了我国减贫史上的最好成绩,建立了中国特色的脱贫攻坚制度体系,为全球减贫事业贡献了中国智慧和中国方案,谱写了人类反贫困史上的辉煌篇章。

党的十九大明确把精准脱贫作为决胜全面建成小康社会必须打好的三大攻坚战之一,作出了新的部署。以习近平同志为核心的党中央明确打赢脱贫攻坚战三年行动的目标任务,既是全党全国未来三年打赢脱贫攻坚战的政治总动员,更是行动的总冲锋号,为确保全党全国未来三年坚决打赢脱贫这场对如期全面建成小康社会、实现第一个百年奋斗目标具有决定性意义的攻坚战、为实施乡村振兴战略打好基础提供了方向指引和根本遵循。

□ 实践指导

1.集中力量支持深度贫困地区脱贫攻坚。着力改善深度贫困地区发展条件;着力解决深度贫困地区群众特殊困难;着力加大深度贫困地区政策倾斜力度。

2.强化到村到户到人精准帮扶举措。加大产业扶贫力度;全力推进就业扶贫;深入推动易地扶贫搬迁;加强生态扶贫;着力实施教育脱贫攻坚行动;深入实施健康扶贫工程,加快推进农村危房改造;强化综合保障性扶贫;开展贫困残疾人脱贫行动;开展扶贫扶志行动。

3.加快补齐贫困地区基础设施短板。加快实施交通扶贫行动;大力推进水利扶贫行动;大力实施电力和网络扶贫行动;大力推进贫困地区农村人居环境整治。

4.加强精准脱贫攻坚行动支撑保障。强化财政投入保障;加大金融扶贫支持力度;加强土地政策支持;实施人才和科技扶贫计划。

5.动员全社会力量参与脱贫攻坚。加大东西部扶贫协作和对口支援力度;深入开展定点扶贫工作;扎实做好军队帮扶工作;激励各类企业、社会组织扶贫;大力开展扶贫志愿服务活动。

6.夯实精准扶贫精准脱贫基础性工作。强化扶贫信息的精准和共享;健全贫困退出机制;开展国家脱贫攻坚普查。

7.加强和改善党对脱贫攻坚工作的领导。进一步落实脱贫攻坚责任制;压实中央部门扶贫责任;完善脱贫攻坚考核监督评估机制;建强贫困村党组织;培养锻炼过硬的脱贫攻坚干部队伍;营造良好舆论氛围;开展扶贫领域腐败和作风问题专项治理;做好脱贫攻坚风险防范工作;统筹衔接脱贫攻坚与乡村振兴。

93. 坚决打好污染防治攻坚战

 重要背景

2014年12月，习近平总书记在中央经济工作会议中谈到"加快转变农业发展方式"时提出，"对山水林田湖实施更严格的保护，加快生态脆弱区、地下水漏斗区、土壤重金属污染区治理，打好农业面源污染治理攻坚战。"

2017年5月，习近平总书记在十八届中央政治局第四十一次集体学习时的讲话中提出，"要以解决人民群众反映强烈的大气、水、土壤污染等突出问题为重点，全面加强环境污染防治。要持续实施大气污染防治行动计划，全面深化京津冀及周边地区、长三角、珠三角等重点区域大气污染联防联控，逐步减少并消除重污染天气，坚决打赢蓝天保卫战。"

习近平总书记在党的十九大报告中，把"坚决打好污染防治的攻坚战"写入新时代坚持和发展中国特色社会主义的基本方略，作为党和国家"三大攻坚战"之一进一步确定下来。

2018年6月，中共中央、国务院印发了《关于全面加强生态环境保

护　坚决打好污染防治攻坚战的意见》，正式明确坚决打好污染防治攻坚战的目标任务。

□ 简明要义

到 2020 年，生态环境质量总体改善，主要污染物排放总量大幅减少，环境风险得到有效管控，生态环境保护水平同全面建成小康社会目标相适应。

具体指标：全国细颗粒物（PM2.5）未达标地级及以上城市浓度比 2015 年下降 18% 以上，地级及以上城市空气质量优良天数比例达到 80% 以上；全国地表水 I—Ⅲ类水体比例达到 70% 以上，劣 V 类水体比例控制在 5% 以内；近岸海域水质优良（一、二类）比例达到 70% 左右；二氧化硫、氮氧化物排放量比 2015 年减少 15% 以上，化学需氧量、氨氮排放量减少 10% 以上；受污染耕地安全利用率达到 90% 左右，污染地块安全利用率达到 90% 以上；生态保护红线面积占比达到 25% 左右；森林覆盖率达到 23.04% 以上。

通过加快构建生态文明体系，确保到 2035 年节约资源和保护生态环境的空间格局、产业结构、生产方式、生活方式总体形成，生态环境质量实现根本好转，美丽中国目标基本实现。到本世纪中叶，生态文明全面提升，实现生态环境领域国家治理体系和治理能力现代化。

党的十八大以来，以习近平同志为核心的党中央把生态文明建设作为统筹推进"五位一体"总体布局和协调推进"四个全面"战略布局的重要内容，谋划开展了一系列根本性、长远性、开创性工作，推动生态文明建设和生态环境保护从实践到认识发生了历史性、转折性、全局性变化,生态文明建设取得显著成效,美丽中国建设迈出重要步伐,我国成为全球生态文明建设的重要参与者、贡献者、引领者。

党的十九大明确把污染防治作为决胜全面建成小康社会必须打好的三大攻坚战之一,作出了新的部署。以习近平同志为核心的党中央明确打赢污染防治攻坚战三年行动的目标任务,既是全党全国未来三年打赢污染防治攻坚战的政治总动员,更是行动的总冲锋号,为确保全党全国未来三年坚决打赢污染防治攻坚战、满足人民日益增长的优美生态环境需要、实现人与自然和谐共生的现代化提供了方向指引和根本遵循。

□ 实践指导

1. 深入贯彻习近平生态文明思想。坚持生态兴则文明兴;坚持人与自然和谐共生;坚持绿水青山就是金山银山;坚持良好生态环境是最普惠的民生福祉;坚持山水林田湖草是生命共同体;坚持用最严格制度最严密法治保护生态环境;坚持建设美丽中国全民行动;坚持共谋全球生态文明建设。

2. 全面加强党对生态环境保护的领导。落实好党政主体责任,健全环境保护督察机制;强化考核问责,严格责任追究。

3. 推动形成绿色发展方式和生活方式。促进经济绿色低碳循环发展;推进能源资源全面节约;引导公众绿色生活。

4. 坚决打赢蓝天保卫战。加强工业企业大气污染综合治理;大力推进散煤治理和煤炭消费减量替代;打好柴油货车污染治理攻坚战;强化国土绿化和扬尘管控;有效应对重污染天气。

5.着力打好碧水保卫战。打好水源地保护攻坚战;打好城市黑臭水体治理攻坚战;打好长江保护修复攻坚战;打好渤海综合治理攻坚战;打好农业农村污染治理攻坚战。

6.扎实推进净土保卫战。强化土壤污染管控和修复;加快推进垃圾分类处理;强化固体废物污染防治。

7.加快生态保护与修复。划定并严守生态保护红线;坚决查处生态破坏行为;建立以国家公园为主体的自然保护地体系。

8.改革完善生态环境治理体系。完善生态环境监管体系;健全生态环境保护经济政策体系;健全生态环境保护法治体系;强化生态环境保护能力保障体系;构建生态环境保护社会行动体系。

94. 坚持推动构建人类命运共同体

 重要背景

2013 年 4 月,习近平主席在博鳌亚洲论坛 2013 年年会上的《共同创造亚洲和世界的美好未来》主旨演讲中提出,我们生活在同一个地球村,应该牢固树立命运共同体意识,顺应时代潮流,把握正确方向,坚持同舟共济,推动亚洲和世界发展不断迈上新台阶。

2014 年 4 月,习近平总书记在中央国家安全委员会第一次会议上的讲话中提出,既重视自身安全,又重视共同安全,打造命运共同体,推动各方朝着互利互惠、共同安全的目标相向而行。

2014 年 11 月,习近平总书记在中央外事工作会议上的讲话中强调,要切实抓好周边外交工作,打造周边命运共同体,秉持亲诚惠容的周边外交理念,坚持与邻为善、以邻为伴,坚持睦邻、安邻、富邻,深化同周边国家的互利合作和互联互通。

2015 年 10 月,习近平主席在伦敦金融城市长晚宴上的演讲中提出,中国倡导国际社会共同构建人类命运共同体,建立以合作共赢为核心的新型国际关系,坚持国际关系民主化,坚持正确义利观,坚持通过对话协商以和平方式解决国家间的分歧和争端。

习近平总书记在党的十九大报告中，把"推动构建人类命运共同体"作为新时代坚持和发展中国特色社会主义基本方略之一加以强调。

□ 简明要义

人类命运共同体，就是每个民族、每个国家的前途命运都紧紧联系在一起，应该风雨同舟，荣辱与共，努力把我们生于斯、长于斯的这个星球建成一个和睦的大家庭，把世界各国人民对美好生活的向往变成现实。

构建人类命运共同体，概括起来说就是"建设持久和平、普遍安全、共同繁荣、开放包容、清洁美丽的世界"。

构建人类命运共同体，深刻揭示了当代中国与世界的关系，反映了实现中华民族伟大复兴中国梦的迫切需要。深刻阐明了中国走和平发展道路的自觉与自信，回应了国际社会的关切与期待，体现了中国的大国责任与担当。

构建人类命运共同体，深刻回答了"建设一个什么样的世界，怎样建设这个世界"的问题，为世界更好地发展奉献了中国智慧，指明了前进方向。用合作共赢的新思路代替零和博弈和赢者通吃、你输我赢的旧思路，把中国人民的梦想同各国人民的梦想更加紧密地联系在一起。中国维护世界和平、促进共同发展的外交政策宗旨更加明确，更加深入人心，让世界更好地理解了中国，让中国更好地走近了世界舞台中央。

推动构建人类命运共同体,是实现中国梦的内在要求,是中国特色社会主义的应有之义,鲜明地体现了当代中国共产党人的全球视野;体现了中国将自身发展与世界发展相统一的世界胸怀;体现了和平、发展、公平、正义、民主、自由等全人类共同的价值追求,汇聚着世界各国人民对和平、发展、繁荣向往的最大公约数,为人类文明的发展进步指明了方向。

□ 实践指导

1.构建人类命运共同体,关键在于国际社会的共同行动。国际社会要从伙伴关系、安全格局、经济发展、文明交流、生态建设等方面作出努力。具体行动是:坚持对话协商,建设一个持久和平的世界;坚持共建共享,建设一个普遍安全的世界;坚持合作共赢,建设一个共同繁荣的世界;坚持交流互鉴,建设一个开放包容的世界;坚持绿色低碳,建设一个清洁美丽的世界。

2.我们将以建设好中国、发挥好负责任大国作用的实际行动,坚定不移推动构建人类命运共同体,始终做世界和平的建设者、全球发展的贡献者、国际秩序的维护者,为人类的持久和平、发展和繁荣不断贡献中国智慧和力量。

3.我们要将"一带一路"建成和平之路、繁荣之路、开放之路、创新之路、文明之路。坚持共商共建共享,把"一带一路"打造成为顺应经济全球化潮流的最广泛国际合作平台;推动"一带一路"建设走深走实、行稳致远,为构建人类命运共同体注入强劲动力。

95. 全面开放新格局

 重要背景

对外开放是我国的基本国策。党的十一届三中全会以来,我国始终坚持对外开放,不断拓展对外开放的深度和广度,为我国经济和社会蓬勃发展注入了新的活力,也为我国综合国力和国际影响力的提高作出了突出贡献。

2013 年 11 月,党的十八届三中全会通过的《中共中央关于全面深化改革若干重大问题的决定》提出"构建开放型经济新体制",并对构建开放型经济新体制作出了重要部署。

2015 年 10 月,党的十八届五中全会进一步提出开放发展理念,要求坚持开放发展,开创对外开放新局面,对我国开放型经济进行了全方位升级。

□ 简明要义

全面开放新格局以"一带一路"建设为重点,坚持引进来和走出去并重,遵循共商共建共享原则,加强创新能力开放合作,形成陆海内外联动、东西双向互济的开放格局。推动形成全面开放新格局,是我国适应经济全球化趋势,加深国际分工合作,提高国际竞争力的必然选择。

1. 推动形成全面开放新格局,有利于我国通过开放促进自身体制机制完善,带动制度创新,不断提高生产力。

2. 推动形成全面开放新格局,有利于按照国际规则营造公平、透明、开放、可预期的营商环境,降低市场运行成本,提高市场运行效率,推动我国经济持续健康发展。

3. 推动形成全面开放新格局,有利于促进对内开放和对外开放更好结合,促进沿海内陆、东中西部共同发展,提高我国国际竞争能力,建设开放型经济强国。

□ 实践指导

1. 拓展国际经济合作新空间。继续推进自由贸易试验区改革试点,探索建设自由贸易港。坚持世界贸易体制规则,积极参与全球经济治理,构建多双边、全方位经贸合作新格局,建立国际经贸谈判新机制。

2. 加快实施"一带一路"建设。推进沿线国家基础设施互联互通,深化与沿线国家经贸合作,密切科技人文交流,积极推进政治等领域合作。

3. 加快推进"走出去"和"引进来"。创新对外投资合作方式,健全走出去服务保障体系;积极利用外资,引进国外先进技术和管理经验,推进引进来和走出去有机结合。

4. 优化对外开放区域布局。深化沿海开放,打造沿海开放新高地,加大中西部开放力度,完善内陆开放新机制,培育沿边开放新支点,促进我国区域协调发展。

5.促进对外贸易的可持续发展。加强与贸易伙伴国的合作,推动对外贸易全面均衡发展;建立健全服务贸易促进体系,大力发展服务贸易;培育外贸竞争新优势,注重提升出口质量和附加值;健全贸易摩擦应对机制,努力建设贸易强国。

96. 一带一路

重要背景

"一带一路"指"丝绸之路经济带"和"21世纪海上丝绸之路"。习近平总书记在2013年出访中亚和东南亚时先后提出共建"丝绸之路经济带"和"21世纪海上丝绸之路"的倡议。

2013年9月,习近平总书记访问中亚,在哈萨克斯坦纳扎尔巴耶夫大学发表演讲时首次提出"丝绸之路经济带":"为了使欧亚各国经济联系更加紧密、相互合作更加深入、发展空间更加广阔,我们可以用创新的合作模式,共同建设'丝绸之路经济带',以点带面,从线到片,逐步形成区域大合作"。

2013年10月,习近平总书记访问印度尼西亚,在国会发表演讲时提出了"21世纪海上丝绸之路":"中国愿同东盟国家加强海上合作,使用好中国政府设立的中国—东盟海上合作基金,发展好海洋合作伙伴关系,共同建设'21世纪海上丝绸之路'。"

2013年12月,习近平总书记在中央经济工作会议上再次强调"推进‘丝绸之路经济带’建设，抓紧制定战略规划，加强基础设施互联互通建设。建设‘21世纪海上丝绸之路’，加强海上通道互联互通建设，拉紧相互利益纽带。”

之后，习近平总书记在2014年的亚洲相互协作与信任措施会议第四次峰会、中阿合作论坛第六届部长级会议、加强互联互通伙伴关系对话会等多个场合强调了建设"丝绸之路经济带"和"21世纪海上丝绸之路"的重要性。

□ 简明要义

"一带一路"是对古丝绸之路的延伸，是我国在对外开放新时期，为加强区域合作、推动世界经济发展提出的合作倡议，给古丝绸之路赋予了新的意义。

"一带一路"包括两部分，"丝绸之路经济带"和"21世纪海上丝绸之路"，其中"丝绸之路经济带"有三条重点路线，即中国经中亚、俄罗斯至欧洲（波罗的海）；中国经中亚、西亚至波斯湾、地中海；中国至东南亚、南亚、印度洋。"21世纪海上丝绸之路"有两条重点路线，即从中国沿海港口过南海到印度洋，延伸至欧洲；从中国沿海港口过南海到南太平洋。

我国在传承与提升古丝绸之路基础上提出的"一带一路"倡议，是面对全球经济复苏缓慢、国际投资贸易格局和多边投资规则深刻调整作出的重大选择，具有划时代的意义。

1. 推进"一带一路"建设，有利于加强沿线国家经济文化政治交流，建立和加强互联互通伙伴关系，深化区域合作，实现沿线国家多元、自主、平衡和可持续发展。

2.推进"一带一路"建设,有利于发掘沿线国家市场潜力,促进各种要素跨区域自由有序流动,实现资源有效配置,扩大投资和消费,增加需求和就业,提高沿线国家经济和社会发展水平。

3.推进"一带一路"建设,有利于扩大和深化我国对外开放水平,加强我国与亚欧非及世界各国的联系,树立国际新形象,提高国际影响力。

□ 实践指导

1.坚持共商、共建、共享原则。"一带一路"建设是系统性工程,要坚持共同协商方针政策、共同推进项目建设、共同分享建设成果。

2.实现"五通"目标。加强政策沟通、设施联通、贸易畅通、资金融通、民心相通。加强政策沟通是要加强政府间合作,积极构建多层次政府间政策沟通交流合作机制。加强设施联通是在尊重相关国家主权和安全关切的基础上,加强沿线国家基础设施建设规划、技术标准体系的对接,共同推进国际骨干通道、能源基础设施、跨境通信网络等的建设。加强贸易畅通是要消除投资和贸易壁垒,拓宽贸易和相互投资领域,推动新兴产业合作,优化产业链分工布局。加强资金融通是要推进亚洲货币稳定体系、投融资体系和信用体系建设,深化金融合作,加强金融监管合作。加强民心相通是要广泛开展文化交流、人才交流合作、媒体合作、旅游合作、科技合作等。

3.建立良好的合作机制。积极利用现有双边合作机制,加强双边合作,推动双边关系全面发展;强化多边合作机制,发挥上海合作组织、中国—东盟"10+1"、亚太经合组织等多边机构的作用,鼓励更多国家参与"一带一路"建设;继续发挥沿线各国区域、次区域相关国际论坛、博览会、洽谈会等平台作用,促进区域深度交流。

97. 双向开放

 重要背景

2015 年 10 月,党的十八届五中全会将开放发展列入新发展理念,并赋予了新的内涵,将开放由对外开放升级为双向开放,首次提出"完善对外开放战略布局,推进双向开放"。

2016 年 3 月,《中华人民共和国国民经济和社会发展第十三个五年规划纲要》提出,"全面推进双向开放,促进国内国际要素有序流动、资源高效配置、市场深度融合,加快培育国际竞争新优势。"

2016 年 12 月,在中央经济工作会议上,习近平总书记再次强调"推进更深层次更高水平的双向开放,赢得国内发展和国际竞争的主动"。

□ 简明要义

双向开放是在充分利用国内国外两个市场、两种资源、两类规则基础上,既要引进来,又要走出去,坚持引进来与走出去并重,推动内外需协调、进出口平衡,实现互利共赢和共同发展。

双向开放是开放型经济发展到较高阶段的典型特征。双向开放包含两层含义:一是同步开放,通过对内和对外"双向开放"带动"双向开发",带动国内和国际经济发展;二是联动开放,通过优势互补,实现内陆和沿海联动、东部地区和西部地区联动、国内和国外经济发展联动。

1. 双向开放有利于培育我国经济发展新动力,充分利用国内外资源和市场,满足我国经济发展需求,促进我国经济增长,推动产业转型升级。

2. 双向开放有利于增强我国与其他国家的交流合作,进一步改善与其他国家的经贸关系,为我国的经济发展塑造良好的外部环境。

3. 双向开放有利于拓展我国对外开放的广度和深度,推动我国经济充分融入世界经济,同时,我国双向开放的发展经验也可以为其他国家提供参考和借鉴,为世界经济发展作出中国贡献。

□ 实践指导

1. 推动"引进来"与"走出去"深度融合。在引进来方面,扩大外资利用规模,优化外资结构,提高外资利用质量;大力引进尖端技术,注重消化吸收再创新;积极引进高水平、高素质人才和先进管理理念。在走出去方面,推动优势产能、装备制造、技术标准和服务走出去,支持我国企业扩大对外投资,深度参与国际市场竞争。

2. 推进"一带一路"建设。以"一带一路"建设为重点,加强与沿线国家在装备制造、优势产能、资源能源等领域的合作,加快与沿线国家签署自由贸易协定的步伐,建立和完善立足周边、面向全球的自由贸易区网络。

3. 提高双向开放服务水平。建立健全能够支持双向开放的服务和保障体系。全面推进政府职能转变,深化简政放权,加强部门协作,提升政府管理效率。维护良好的发展环境,激发市场主体创新创业活力,释放改革红利。

4. 扩大金融领域的双向开放。重点是有序提高跨境资本和金融交易的可兑换程度,逐步实现人民币资本项目可兑换,稳步推进人民币国际化。

5. 加强人文领域的双向交流。在推动我国经济走出去的同时,推动我国文化走出去,学习和借鉴其他国家在文化、旅游、教育、卫生、社会保障等领域的发展经验。加强国家级智库的合作交流,鼓励我国学者、学生出国访问学习,增进双方理解和认同,为互利共赢奠定文化基础。

98.中美贸易摩擦

 重要背景

　　中美贸易摩擦作为中美经贸关系的一部分,随中美政治关系的发展和国际局势的变幻而发生变化。2018 年,特朗普政府不顾中方劝阻,执意发动贸易战,掀起了又一轮的中美贸易争端。

　　2018 年 3 月 22 日,美国总统特朗普在白宫签署了对中国输美产品征收关税的总统备忘录;2018 年 3 月 23 日,中国商务部发布了针对美国钢铁和铝产品 232 措施的中止减让产品清单,拟对自美进口部分产品加征关税。

　　2018 年 6 月 15 日晚,美国政府发布了加征关税的商品清单,将对从中国进口的约 500 亿美元商品加征 25% 的关税,其中对约 340 亿美元商品自今年 7 月 6 日起实施加征关税措施,同时对约 160 亿美元商品加征关税开始征求公众意见。

　　2018 年 6 月 16 日,国务院关税税则委员会发布公告,决定对原产于美国的 659 项约 500 亿美元进口商品加征 25% 的关税,其中 545 项约 340 亿美元商品自 2018 年 7 月 6 日起实施加征关税,涉及农产品、汽车、水产品等。

2018 年 7 月 11 日，美国政府发布了对从中国进口的约 2000 亿美元商品加征关税的措施，并就该措施征求公众意见。8 月 2 日，美方宣布拟对上述 2000 亿美元商品加征的关税税率由 10% 提高到 25%。

2018 年 9 月 20 日，国务院关税税则委员会决定对原产于美国的 5207 个税目进口商品加征关税。该措施涉及自美进口贸易额约 600 亿美元。

2018 年 12 月 1 日，习近平主席和特朗普总统会晤，就贸易战达成重要共识，停止相互加征新的关税，这是双方的共同需要。

□ 简明要义

中美贸易摩擦主要是以微观经济摩擦为主，但还会扩大到其他领域。2003 年的人民币汇率问题已是宏观经济摩擦，而且一直持续到现在。近年来，随着中美经贸关系的快速发展，双边贸易摩擦也呈现日益加剧的趋势。贸易不平衡、纺织品特保、对华反倾销等问题构成了中美贸易摩擦的主要内容。中美两国经济利益的竞争、美国国内贸易保护主义的回流以及美国对中国的战略遏制等是双边贸易摩擦日益增多的主要原因。

美国总统特朗普一上台就提出美国利益最大化的贸易理念，把扭转贸易失衡、重振制造业、提升就业作为对外贸易政策的优先议题，其对外贸易战略已从多边转向双边，退出跨太平洋伙伴关系协定，重谈北美自由贸易协定，把美国国内贸易法置于国际法规之上。

1. 偏重双重标准和单边标准主义。长期以来，美国在对外贸易上采取双重标准和单边主义,并为了美国自身的利益采取贸易保护主义,很容易招致其他国家的报复行动,贸易摩擦在所难免,这次针对中国也不例外。

2. 这次挑起中美贸易摩擦,特朗普也是"醉翁之意不在酒",在贸易诉求的幌子下夹带着政治私货。一方面想借此兑现其"美国优先"的竞选承诺,另一方面想以此达到"遏制中国"的战略目的,所以尽管明知贸易战是两败俱伤,也想豪赌一场。这种充满霸权思维、任意践踏国际贸易规则的行事作风,对世界经济合作的大格局而言是一种潜在"炸弹"。

□ 实践指导

由于生产的全球化分工,国与国之间的经贸关系更加复杂,贸易摩擦中没有绝对的赢家。面对美国的威胁与挑衅,不能姑息退缩,也不能仅凭一腔热血盲目叫板冲撞,而要综合考量我国经济发展阶段和两国贸易关系相对优劣势,立足长远,才能把对中国的负面影响降到最低。

1. 加快产业升级转型和供给侧结构性改革。将特朗普针对高端制造业和高新技术产业的关税政策转化为倒逼机制,加快国内资本市场发展、知识产权保护等基础设施建设,加大科技投入力度,实施高端人才引进战略,坚定不移地推进国内产业转型升级。同时通过继续推进供给侧结构性改革,化解过剩产能、降低金融风险,为后续改革腾出资源和空间。

2. 深化对外开放,营造稳定有利的贸易环境。加快推进与不同经济体和国家的贸易自由化建设,以推进区域全面经济伙伴关系为抓手,强化与周边国家之间的自贸区建设。

3. 建立贸易摩擦预警机制,政府有关部门应实时跟踪一些产品的出口贸易情况,防止可能爆发的新贸易摩擦。

99. 准入前国民待遇加负面清单管理制度

 重要背景

2013 年 7 月,第五轮中美战略与经济对话期间,我国同意以准入前国民待遇和负面清单为基础与美国进行双边投资协定实质性谈判,准入前国民待遇加负面清单逐渐进入大众视野。

2013 年 9 月,国务院印发的《国务院关于印发中国(上海)自由贸易试验区总体方案的通知》提出:"要探索建立投资准入前国民待遇和负面清单管理模式,深化行政审批制度改革,加快转变政府职能,全面提升事中、事后监管水平。"

2013 年 11 月,党的十八届三中全会通过的《中共中央关于全面深化改革若干重大问题的决定》提出,"探索对外商投资实行准入前国民待遇加负面清单的管理模式。"

2015 年 10 月,《国务院关于实行市场准入负面清单制度的意见》发布,制定了负面清单制度实施的具体要求和措施。

2015 年 11 月,党的十八届五中全会强调,坚持开放发展,"形成对外开放新体制,完善法治化、国际化、便利化的营商环境,健全服务贸易促进体系,全面实行准入前国民待遇加负面清单管理制度,有序扩大服务业对外开放。"

□ 简明要义

国民待遇是指根据国内投资者在相同或类似情况下的待遇,授予外国投资者至少同国内投资者一样的待遇。国民待遇常见于货物贸易、服务贸易和投资等领域,是保证外国投资者在东道国受到非歧视性待遇的主要通用标准之一。按照国民待遇发生时段的不同,可以分为准入前国民待遇和准入后国民待遇,与准入后国民待遇相比,准入前国民待遇更全面、更开放。

实行准入前国民待遇并不意味着对外资的全面开放,也不意味着国内的法律法规和相关机构不对外资进行监管。在一些涉及国民经济命脉和国家重大安全等的关键领域,仍需要对外资进入加以限制,负面清单应运而生。负面清单也称为否定清单、负面列表、否定列表,它列明了限制和禁止外资投资的领域,这些领域不给予准入前国民待遇。负面清单可以理解为通常的"黑名单",负面清单外的领域可以根据"法无明文禁止即自由"的原则与国内资本享有同等待遇。

实行准入前国民待遇加负面清单的管理制度是我国外资准入制度的重大突破,是我国提高对外开放水平、与全球经济接轨的必然要求,标志着我国改革开放进入新阶段,将对我国经济社会产生深远影响。

1. 有利于创造更好的营商环境。实行准入前国民待遇加负面清单管理制度,可以增强市场透明度,消除竞争扭曲,赋予市场主体更多主动权,激发市场主体活力,形成公开公平参与竞争的市场环境,提高经济效率,促进投资和生产的全球化发展。

2.有利于推动政府职能转变。实行准入前国民待遇加负面清单管理制度,可以明确政府的职责边界,推动政府管理模式由"法无授权不可为"向"法无禁止即可为"转变,进一步深化行政审批制度改革,深入推进简政放权,提高政府管理效率,从根本上促进政府职能转变。

3.有利于培育国际竞争合作新优势。实行准入前国民待遇加负面清单管理制度,可以加快建立与国际通行规则接轨的现代市场体系,促进国内外要素有序自由流动,推动国内外市场深度融合,实现资源高效配置,不断提升我国国际竞争力,是以开放促改革、建设更高水平市场经济体制的有效途径。

□ 实践指导

1.坚持开放与监管并重。一方面,要坚持开放,各级政府根据国务院要求执行准入前国民待遇加负面清单制度,建立健全与其相适应的准入机制,保证内外资公平竞争。另一方面,鉴于我国仍处于经济发展转型期,引入准入前国民待遇加负面清单管理制度的时间尚短,经验不足,因此需要加强监管,健全与之相适应的监管体系,建立跟踪与评价机制,积累对外资准入、设立和经营环节的监督与管理经验。

2.完善相应的法律法规体系。实行准入前国民待遇加负面清单管理制度,要坚持"改旧法"与"立新法"并重。有关部门应依照法定程序全面清理涉及市场准入、投资经营的法律、法规、规章、规范性文件以及各类行政审批要求,根据实际情况进行处理。同时加快与准入前国民待遇加负面清单制度相适应的相关立法,确保事中事后监管有法可依。

3.改革相关体制机制。加快推进相关体制机制和配套制度建设，建立与准入前国民待遇加负面清单制度相适应的投资体制、商事登记制度、外商投资管理体制，营造公平交易、平等竞争的市场环境，确保准入前国民待遇加负面清单制度的顺利实施。

100. 自由贸易试验区

 重要背景

　　2013 年 3 月，李克强总理在上海调研期间表示，鼓励及支持上海在现有综合保税区基础上，建立一个自由贸易试验区，进一步扩大开放，推动完善开放型经济体制机制。

　　2013 年 8 月，国务院正式批准设立中国(上海)自由贸易试验区；9 月，国务院印发《中国(上海)自由贸易试验区总体方案》，随后，上海自由贸易试验区正式成立。

　　2013 年 11 月，党的十八届三中全会通过的《中共中央关于全面深化改革若干重大问题的决定》指出，"建立中国上海自由贸易试验区是党中央在新形势下推进改革开放的重大举措，要切实建设好、管理好，为全面深化改革和扩大开放探索新途径、积累新经验。在推进现有试点基础上，选择若干具备条件地方发展自由贸易园(港)区。"

　　2015 年 4 月，国务院批准《进一步深化中国(上海)自由贸易试验区改革开放方案》；2017 年 3 月，国务院印发《全面深化中国(上海)自由贸易试验区改革开放方案》，将自由贸易试验区的建设推向新的高度。

□ 简明要义

自由贸易试验区是在主权国家或地区的关境以外,划出的准许外国商品豁免关税自由进出的特定区域,它在贸易和投资等方面比世界贸易组织的有关规定更加优惠。从 2013 年国务院批复成立中国(上海)自由贸易试验区以来,迄今为止,我国总共批复成立上海、广东、天津、福建、辽宁等 11 个自由贸易试验区,形成了"1+3+7"的"雁阵"格局。

建设自由贸易试验区,是我国探索对外开放新模式新路径的大胆尝试,也是推动我国经济增长和发展方式转变的新动力,是实现以开放促改革、促发展、促创新的重要手段,在推动我国经济发展乃至实现中华民族伟大复兴方面起着非常重要的作用。

1. 有利于推动投资贸易便利化。建设自由贸易试验区,可以推动相关法律法规的完善,简化和便捷通关程序,促进海关监管体系创新,提高信息化服务水平,提升贸易便利化程度。

2. 有利于培育我国面向全球的竞争新优势。面对国际经济政治形势复杂多变和我国经济发展进入新常态带来的挑战,自由贸易试验区的建立可以促进我国进一步提高对外开放水平,加强与各国的经济贸易合作,形成兼具国际化、法治化的改革开放平台。

3. 有利于实现区域经济的协调发展。通过建设高标准的自由贸易试验区,可以推动"一带一路"建设、京津冀协同发展和长江经济带发展,又可以推动西部大开发、东北老工业基地振兴、中部崛起和东部率先发展四大地区板块的建设。

4.有利于促进我国经济良性发展。当前我国正逐步推动经济发展方式由要素驱动向创新驱动转变，从过去依靠土地、人口红利等向依靠技术、制度创新转变。建设自由贸易试验区可以打破贸易壁垒，促进国家间资本、技术、人才和信息的充分流动，吸引更多优质要素为我国经济发展服务，拓展我国经济增长空间，打造我国经济"升级版"。

□ 实践指导

1.加快转变政府职能。改革创新政府管理方式，推进政府管理由注重事先审批转为注重事中、事后监管；简政放权，释放市场活力，建立一口受理、综合审批和高效运作的服务模式；加强对试验区的管理和监督，创造有利于试验区发展的市场环境。

2.推动贸易发展方式转变。积极培育贸易新型业态和功能，形成以技术、品牌、质量、服务为核心的外贸竞争新优势，提升我国在全球贸易价值链中的地位。

3.扩大投资领域开放。扩大服务业开放，探索建立负面清单管理模式，构筑对外投资服务促进体系。

4.深化金融领域开放创新。加快试验区内的金融制度创新，可以在试验区内有序推进人民币资本项目可兑换，加快构建面向国际的金融市场体系，提高金融服务能力和水平。

5.加强财税支持。在符合税制改革方向和国际惯例的前提下，建立和完善试验区促进投资和贸易的财税政策。

6.加强制度保障。加快形成符合试验区发展需要的投资和贸易规则体系，支持试验区在服务业扩大开放、实施准入前国民待遇和负面清单管理模式等方面开展试点,及时探索解决试点过程中出现的各类问题。

7. 推广自由贸易试验区发展经验。已经积累的试验区发展经验可以向中西部地区推广、普及、扩充,同时以"一带一路"沿线国家为依托,完善自由贸易试验区网络,尝试开展沿边自由贸易试验区建设,提高自由贸易试验区建设与"一带一路"建设的对接效率。

101. 自由贸易港

重要背景

　　2013年11月,党的十八届三中全会通过的《中共中央关于全面深化改革若干重大问题的决定》强调,"建立中国上海自由贸易试验区是党中央在新形势下推进改革开放的重大举措,要切实建设好、管理好,为全面深化改革和扩大开放探索新途径、积累新经验。在推进现有试点基础上,选择若干具备条件地方发展自由贸易园(港)区。"

　　2017年3月,国务院印发《全面深化中国(上海)自由贸易试验区改革开放方案》,提出"在洋山保税港区和上海浦东机场综合保税区等海关特殊监管区域内,设立自由贸易港区",并在港区内对标国际最高水平,实施更高标准的"一线放开"、"二线安全高效管住"贸易监管制度。

☐ 简明要义

　　自由贸易港是设在国家与地区境内、海关管理关卡之外的,允许境外货物、资金自由进出的港口区。自由贸易港对进出港区的全部或大部分货物免征关税，准许在港区内开展货物自由储存、拆散、改装、整理、加工和制造等业务活动。目前，国际上公认的自由贸易港有中国香港、新加坡、亚丁、汉堡、巴拿马等港口。相对于自由贸易试验区，自由贸易港具有开放范围更广、自由程度更高的特点，是国际贸易的枢纽、集散地和交易中心，在国际贸易发展中发挥着重要作用。

1. 有利于加强国际经贸往来，搭建国际贸易桥梁。贸易自由化是全球贸易发展的大趋势，自由贸易港在遵守世界贸易组织规则的前提下，实现了贸易、物流、汇兑和人员进出自由，减少了贸易壁垒，扩大了我国对外开放程度，是我国融入国际市场的重要桥梁。

2. 有利于全面提升我国沿海港口综合实力和国际竞争力。我国港口货物和集装箱吞吐量多年稳居世界第一，属于世界港口大国，但是大多数港口并不是名副其实的国际航运中心，制约了我国港口经济的发展。特别是 2008 年国际金融危机爆发之后，全球经济复苏缓慢，国际市场需求疲软，导致我国沿海港口业务量减少。建设自由贸易港，可以优化港口布局，丰富港口功能，带动港口转型升级，全面提升我国港口综合竞争力。

3. 有利于促进区域发展，实现区域经济一体化。自由贸易港通常地理位置优越，经济基础较好，辐射面广，带动性强。建设自由贸易港，可以利用自由贸易港的地缘和功能优势，助力当地经济发展，使自由贸易港成为推动区域经济增长的新引擎，进而带动周边区域经济发展，成为促进区域经济协调发展的重要纽带。

4. 有利于培育新兴产业，推动产业结构升级。建立自由贸易港可以与国际接轨，获得更多产业发展前沿信息，吸引更多的国际资本、技术、人才，带来更多招商引资引智便利，有力推动我国产业的优化和升级。

□ 实践指导

1. 统筹布局，突出重点。加强国家统一规划和部署，自由贸易港布局要充分考虑沿海港口的发展基础、成长条件和战略定位，还要与"一带一路"等国家大战略有机结合，符合市场需求，突出发展特色，实现自由贸易港之间的良性发展。理顺港口和周边地区关系，形成错位发展、各有侧重的良好格局。

2. 简化管制措施和审批手续。根据国家授权实行集约管理体制，在口岸风险有效防控的前提下，依托信息化监管手段，取消或最大程度简化入区货物的贸易管制措施，最大程度简化一线申报手续。

3. 创新政策和体制机制。根据国际自由贸易港要求和经验，健全现有港口的经营管理和监督机制，制定符合国际惯例和我国发展实际的自由贸易港法律法规体系和具体操作规范。

4. 探索实施符合国际通行做法的金融、外汇、投资和出入境管理制度，建立和完善风险防控体系。

102. 国际产能合作

 重要背景

2014 年 12 月,李克强总理在访问哈萨克斯坦时提出,围绕哈萨克斯坦加强基础设施建设的"光明大道"计划,加强我国富裕且优质的产能与哈方的对接,开展深度合作,国际产能合作应运而生。

2015 年 3 月,李克强总理会见印度尼西亚总统佐科并在共同出席中国—印尼经济合作论坛时提出,中方还愿同印尼建立产能合作机制,全面开展互利产能合作。

2015 年 5 月,国务院印发《国务院关于推进国际产能和装备制造合作的指导意见》,部署了未来我国产能合作的重点工作。

2015 年 5 月,李克强总理访问巴西,提出中拉产能合作"3×3 模式";6 月,李克强总理访问法国,提出中法开展国际产能合作并共同开发第三方市场的倡议;11 月,李克强总理出席第 18 次中国—东盟(10+1)领导人会议,表示中方愿将东盟作为开展国际产能合作的重要方向,希望与东盟国家积极探讨下一步具体合作;12 月,李克强总理在上海合作组织成员国总理第十四次会议大范围会谈时的讲话中提出,愿与上合组织成员国搭建产能合作平台。

迄今为止，我国已与哈萨克斯坦、巴西、马来西亚、埃塞俄比亚等国家签订了开展产能合作的框架协议或谅解备忘录。

□ 简明要义

国际产能合作是指不同国家之间基于各自供需展开的产能跨国或者跨地区配置的联合行动，比如一国根据发展需求从其他国家引入更先进、更有竞争力的生产线、技术、管理经验等。一般而言，国际产能合作通过两种方式推进：一种是产品输出，一种是产业转移。当前，国际产能合作以产业转移为主。实际上，国际产能合作可以看作是走出去的升级版，是过去推动企业对外投资和跨国经营的升华，是在发挥产业、资金、技术、管理等多方面综合优势基础上鼓励企业对外进行产业转移。国际产能合作以"一轴两翼"重点国家和"一带一路"沿线国家为主，重点在钢铁、有色、建材、铁路、电力、化工、轻纺、汽车、通信、工程机械、航空航天、船舶和海洋工程等领域开展合作。

我国经济已进入新常态，推动经济提质增效和可持续发展任务艰巨，需要从供给和需求两方面发力，对内推行供给侧结构性改革，对外开展国际产能合作。根据《关于推进国际产能和装备制造合作的指导意见》，开展国际产能合作，是党中央、国务院统筹考虑国际国内两个大局后作出的重要战略部署。力争到2020年，我国与重点国家基本建立产能合作机制，一批重点产能合作项目取得明显进展，形成若干境外产能合作示范基地，形成一批有国际竞争力和市场开拓能力的骨干企业。

1. 有利于促进我国经济持续发展。我国经济已转向高质量发展阶段，亟须转方式、调结构，寻找发展新动能。当前，我国已积累了大量优势和富余产能，推进国际产能合作，推动优势产能走出去，输出先进的装备、技术和管理经验，可以形成出口新增长点，带动就业和消费增加，进而促进经济发展。

2. 有利于提高我国对外开放水平。我国对外开放进入新阶段，开展铁路、电力等领域的国际产能合作，与实施"一带一路"、中非"三网一化"合作等重大举措相辅相成，将提升我国开放型经济水平，增强国际竞争优势。同时，推进国际产能合作，还可以带动我国对外贸易转型升级，扩大对外投资，推动形成全面开放新格局。

3. 有利于我国与其他国家深化互利合作。当前，发展中国家工业化、城镇化进程加速，存在较强的基础设施建设需求；发达国家经过多年发展，拥有较强的技术和装备优势。我国与发展中国家开展国际产能合作，可以满足其对优势产能、装备等方面的需求，带动其工业和经济发展。我国与发达国家开展国际产能合作，可以发挥各自比较优势，形成新的生产力。

□ 实践指导

1. 推动优势产能有序"走出去"。以与我国产能契合度高、合作愿望强烈、合作条件和基础较好的发展中国家为重点，同时积极开拓发达国家市场，以点带面，逐步扩展。将钢铁、有色、建材、铁路、电力、化工、轻纺、汽车、通信、工程机械、航空航天、船舶和海洋工程等作为重点行业，分类实施，有序推进。

2.提高企业"走出去"的能力和水平。发挥企业的市场主体作用，拓展对外合作方式，创新商业运作模式，提高企业境外经营能力和水平，规范企业境外经营行为。

3.加强政府引导和推动。结合"一带一路"建设、周边基础设施互联互通、中非"三网一化"合作等，明确重点方向，加强统筹指导和协调，完善对外合作机制，改革对外合作管理体制，做好外交服务工作，建立综合信息服务平台，发挥地方政府在推动企业开展国际产能合作中的积极性。

4.加大政策支持力度。完善财税支持政策，加快与有关国家商签避免双重征税协定；发挥优惠贷款作用，支持企业参与大型投资项目；加大金融支持力度，完善出口信用保险，推动人民币国际化。

5.强化服务保障和风险防控。加大我国标准国际化推广力度，强化行业协会和中介机构作用，加快跨国经营管理人才队伍建设，做好政策宣传和解释工作，加强风险防范和安全保障。

103. 亚洲基础设施投资银行

 重要背景

2013 年 10 月，习近平总书记在雅加达同印度尼西亚总统会谈时倡议筹建亚洲基础设施投资银行(简称亚投行)，愿向包括东盟国家在内的本地区发展中国家基础设施建设提供资金支持。

2013 年 10 月，习近平总书记在亚太经合组织工商领导人峰会上发表题为《深化改革开放 共创美好亚太》的演讲，再次倡议筹建亚投行。

2014 年 10 月，由中国、印度、新加坡等组成的首批 21 个意向创始成员国代表在北京签约决定共同成立亚投行。

2015 年 12 月，《亚洲基础设施投资银行协定》达到生效条件，亚洲基础设施投资银行正式成立。

□ 简明要义

为促进亚洲区域互联互通和经济一体化进程，加强我国与其他亚洲国家和地区的合作，我国倡议设立亚投行。亚投行是一个政府间性质的亚洲区域多边开发机构,主要职能是为亚洲地区基础设施建设提供融资支持(包括贷款、股权投资以及提供担保等),如支持交通、能源、电信、农业和城市发展等领域的项目建设。

亚投行总部设在北京,法定资本为 1000 亿美元,目前有 80 个正式成员国,涵盖世界五大洲。迄今为止,亚投行已经批准了孟加拉国的电力配送升级和扩容项目、印度尼西亚的国家贫民窟升级项目(世行联合融资)等多个项目,贷款金额超过 20 亿美元,撬动社会和私人资本超过 100 亿美元。

1. 创办亚投行,有利于深化区域合作,提升亚洲各国应对未来金融危机和其他外部冲击的能力。

2. 创办亚投行,有利于推进基础设施建设和生产领域发展,进而推动区域互联互通和一体化,促进亚洲经济增长和社会发展,为全球经济发展提供新动力。

3. 创办亚投行,有利于加强与现有多边开发银行的合作,为亚洲地区长期存在的巨额基础设施建设融资缺口提供资金支持。

4. 创办亚投行,有利于从亚洲域内及域外动员更多的急需资金,缓解亚洲经济体面临的融资瓶颈,与现有多边开发银行形成互补,推进亚洲实现持续稳定增长。

5. 创办亚投行,有利于推动国际货币基金组织和世界银行的进一步改革,补充当前亚洲开发银行在亚太地区的投融资与国际援助职能。

□ 实践指导

1. 配合"一带一路"建设的推进,支持亚洲国家建设基础设施和发展其他生产领域,解决亚洲国家基础设施建设滞后、生产领域发展缓慢、存在较大资金缺口等问题。

2. 坚持开放性和包容性,鼓励各国积极参与,向国际复兴开发银行和亚洲开发银行成员开放,学习已有多边金融机构运行经验,努力成为一个具有广泛代表性、高度专业性的多边金融机构。

3. 加强与世界银行、亚洲开发银行等已有多边金融机构的合作与联系,积极发挥在区域经济发展中的作用,成为现有国际金融体系的重要补充。

4. 由各个成员国共同商议决定经营管理模式,做到决策过程公正客观,资金使用科学化。

104. 丝路基金

2014 年 11 月,习近平总书记主持召开中央财经领导小组第八次会议,研究"丝绸之路经济带"和"21 世纪海上丝绸之路"规划,发起建立亚洲基础设施投资银行和设立丝路基金。

2014 年 11 月,习近平总书记在北京举行的"加强互联互通伙伴关系"东道主伙伴对话会上宣布,我国将出资 400 亿美元成立丝路基金,为"一带一路"沿线国家基础设施、资源开发、产业合作和金融合作等与互联互通有关的项目提供投融资支持。

2014 年 12 月,丝路基金有限责任公司在北京注册成立,首期资本金 100 亿美元,其中外汇储备、中国投资有限责任公司、国家开发银行、中国进出口银行分别出资 65 亿美元、15 亿美元、5 亿美元和 15 亿美元。

□ 简明要义

丝路基金是由外汇储备、中国投资有限责任公司、国家开发银行、中国进出口银行共同出资,根据《中华人民共和国公司法》,按照市场化、国际化、专业化原则设立的中长期开发投资基金,重点致力于为"一带一路"框架内的经贸合作和双边多边互联互通提供融资支持。丝路基金以股权投资为主,同时运用债权、基金、贷款等多种方式提供投融资服务,也可与国际开发机构、境内外金融机构等发起设立共同投资基金,进行资产受托管理、对外委托投资等。

截至 2017 年 12 月,丝路基金已经签约 17 个项目,承诺投资约 70 亿美元,支持的项目所涉及的总投资额达 800 多亿美元,在支持"一带一路"建设中发挥了举足轻重的作用。

1. 有利于解决"一带一路"沿线国家基础设施建设、资源开发等方面的融资缺口,满足沿线国家建设需求,提高当地经济和社会发展水平。

2. 有利于促进我国与相关国家的互联互通和经贸合作,推动我国优势产能走出去,帮助中国制造建立广泛的影响力和良好的品牌形象。

3. 有利于在跨境直接投资领域总结出符合中资金融机构特点的经验,提高我国金融机构国际项目和资本运作的能力与水平。

4. 有利于推动我国外汇储备投资多元化,扩大外汇储备运用范围,提高外汇储备利用率,规避汇率风险。

□ 实践指导

1. 与各国的发展战略和规划相衔接。丝路基金投资的项目要符合所在国家和地区的发展需求,重点在基础设施、资源开发、产能合作、金融合作等领域发力,有效发挥我国资源、技术、资金的比较优势,促进所在国经济可持续发展。

2. 保证丝路基金的收益。丝路基金不是援助性或资助性的贷款，而是来源于外汇储备、中国投资有限责任公司、国家开发银行、中国进出口银行等股东，因此必须坚持市场化运作模式，投资于有收益的中长期项目，保证股东权益。

3. 加强与国内外其他金融机构的合作。发挥相互配合和优势补充的作用，通过股权、债权、贷款等多元化投融资方式，为"一带一路"项目建设提供融资服务。

4. 保证丝路基金的开放性。拓宽融资渠道，吸纳更多的投资者参与丝路基金，或者开展子基金合作，扩大丝路基金规模。

5. 加强投资风险的管控。围绕丝路基金的战略定位和发展目标，不断完善风险管理制度，推动风险文化建设，创新风险管理工具和模型，实现与投资伙伴收益共享、风险共担。

105. 自由贸易区

 **重要背景**

2007 年 10 月,党的十七大提出"实施自由贸易区战略,加强双边多边经贸合作",自由贸易区建设上升为国家战略。

2012 年 11 月,党的十八大进一步提出"统筹双边、多边、区域次区域开放合作,加快实施自由贸易区战略,推动同周边国家互联互通"。

2013 年 11 月,党的十八届三中全会进一步要求"以周边为基础加快实施自由贸易区战略","形成面向全球的高标准自由贸易区网络"。

2014 年 12 月,习近平总书记在主持中央政治局第十九次集体学习"加快自由贸易区建设"时强调,加快实施自由贸易区战略,是我国新一轮对外开放的重要内容。

2015 年 12 月,国务院印发《关于加快实施自由贸易区战略的若干意见》,对自由贸易区建设的目标任务、总体布局等提出了明确的要求。

□ 简明要义

截至目前,我国已经与东盟、新加坡、巴基斯坦、新西兰、智利、秘鲁、哥斯达黎加、冰岛、瑞士、韩国、澳大利亚等国家签署了自由贸易区协定,自贸伙伴遍及亚洲、拉美、大洋洲、欧洲等地区;与中国香港、中国澳门建立了《更紧密经贸关系安排》,与中国台湾达成《海峡两岸经济合作框架协议》,初步形成了以周边国家(地区)为主的自贸平台和全球性的自贸网络。

在当前多边贸易体制谈判进程放缓的背景下,建立自由贸易区已经成为区域经济合作的重要形式。加快建设自由贸易区,是我国参与全球竞争、打造全面开放新格局的客观要求。

1. 有利于提高我国对外开放水平,拓展对外贸易空间,减少贸易摩擦,培育新的国际竞争优势,掌握更多国际话语权。

2. 有利于促进我国对外投资。通过自由贸易区实现投资便利化,推动我国企业和优势产能走出去,帮助中国企业开拓国际市场。

3. 有利于促进我国产业结构调整和经济转型升级。一方面,通过与发达国家建立自由贸易区,开展经贸合作,我国有机会获得更多的技术、资金和人才资源,推动我国产业转型升级;另一方面,通过与资源型或发展中国家建立自由贸易区,可以保证国内经济发展所需能源资源,开拓国际市场,为国际产能合作创造条件。

4. 有利于维护和平稳定的国际环境。我国与其他国家建立自由贸易区,加强合作交流,可以加深相互认识,求同存异,共同发展。

□ 实践指导

1. 提高货物贸易开放水平和便利化程度。稳步扩大货物贸易准入,与自由贸易伙伴共同削减关税和非关税壁垒,相互开放货物贸易市场。加强原产地管理,改革海关监管、检验检疫等管理体制,加强关检等领域合作,逐步实现国际贸易"单一窗口"受理。

2. 扩大服务业对外开放。推进金融、教育、文化、医疗等服务业领域有序开放,放开育幼养老、建筑设计、会计审计、商贸物流、电子商务等服务业领域外资准入限制,逐步推进以负面清单模式开展谈判。

3. 推进规则谈判和规制合作。加快推进知识产权保护、环境保护、电子商务、竞争政策、政府采购等议题谈判。加强与自由贸易伙伴的信息交换,以及在技术性贸易壁垒、卫生与植物卫生措施、具体行业部门监管标准和资格等方面的互相认可。

4. 放宽投资准入。大力改革外资管理体制,进一步优化外商投资环境,有序推进以准入前国民待遇加负面清单模式开展谈判,积极稳妥推进人民币资本项目可兑换试点,加强与自由贸易伙伴货币合作,促进贸易投资便利化。

5. 推动自然人移动便利化。通过自由贸易区建设,推动自然人移动便利化,服务我国"走出去"战略的实施。

6. 加强经济技术合作。在自由贸易区建设过程中,适时适当纳入产业合作、发展合作、全球价值链等经济技术合作议题,不断丰富自贸区建设内涵。

主要参考文献

1. 习近平:《决胜全面建成小康社会　夺取新时代中国特色社会主义伟大胜利》,人民出版社 2017 年版。

2.《十九大报告辅导读本》编写组编著:《十九大报告辅导读本》,人民出版社 2017 年版。

3.《十九大报告辅导百问》编写组编著:《十九大报告辅导百问》,党建读物出版社、学习出版社 2017 年版。

4.《中国共产党第十九次全国代表大会文件汇编》,人民出版社 2017 年版。

5.《十九大党章修正案学习问答》编写组编著:《十九大党章修正案学习问答》,党建读物出版社 2017 年版。

6.《习近平总书记系列重要讲话读本（2016 年版）》,学习出版社、人民出版社 2016 年版。

7. 习近平:《习近平谈治国理政》,外文出版社 2014 年版。

8. 习近平:《习近平谈治国理政》第二卷,外文出版社 2017 年版。

9. 中共中央文献研究室编:《习近平关于社会主义经济建设论述摘编》,中央文献出版社 2017 年版。

10. 柳斌杰主编:《学习十九大报告:经济 50 词》,人民出版社 2018

年版。

11.《十九大报告关键词》编写组:《十九大报告关键词》,党建读物出版社 2017 年版。

12.《中国共产党第十八次全国代表大会文件汇编》,人民出版社 2012 年版。

13.《中国共产党第十七次全国代表大会文件汇编》,人民出版社 2007 年版。

14.《改革开放以来历届三中全会文件汇编》,人民出版社 2013 年版。

15. 中共中央文献研究室:《十八大以来重要文献选编》(上),中央文献出版社 2014 年版。

16. 中共中央文献研究室:《十八大以来重要文献选编》(中),中央文献出版社 2016 年版。

17. 中共中央文献研究室:《十七大以来重要文献选编》(上),中央文献出版社 2009 年版。

18. 中共中央文献研究室:《十七大以来重要文献选编》(中),中央文献出版社 2011 年版。

19. 中共中央文献研究室:《十七大以来重要文献选编》(下),中央文献出版社 2013 年版。

20. 中共中央文献研究室:《十六大以来重要文献选编》(上),中央文献出版社 2011 年版。

21. 中共中央文献研究室:《十六大以来重要文献选编》(中),中央文献出版社 2011 年版。

22. 中共中央文献研究室:《十六大以来重要文献选编》(下),中央文献出版社 2011 年版。

23. 中共中央宣传部编:《中国特色社会主义学习读本》,学习出版社 2013 年版。

24. 本报评论员:《牢牢把握新时代中国共产党的历史使命》,《人民日报》2017 年 10 月 31 日第 2 版。

25. 本报评论员:《坚持新发展理念》,《光明日报》2017 年 10 月 31 日第 1 版。

26. 本报评论员:《阔步走进中国特色社会主义新时代》,《人民日报》2017 年 10 月 30 日第 1 版。

27. 本报评论员:《坚持全面深化改革》,《光明日报》2017 年 10 月 30 日第 1 版。

28. 本报评论员:《让中国特色社会主义展现更强大的生命力》,《人民日报》2017 年 10 月 29 日第 7 版。

29. 本报评论员:《坚持以人民为中心》,《光明日报》2017 年 10 月 29 日第 1 版。

30. 本报评论员:《坚持党对一切工作的领导》,《光明日报》2017 年 10 月 28 日第 5 版。

31.《中央经济工作会议在北京举行》,《人民日报》2017 年 12 月 21 日第 1 版。

32.《牢牢把握高质量发展这个根本要求》(社论),《人民日报》2017 年 12 月 21 日。

33. 本报记者吴秋余、陆娅楠、王珂、林丽鹏、赵展慧:《专家热议习近平新时代中国特色社会主义经济思想——推动高质量发展,"七个坚持"最重要》,《人民日报》2017 年 12 月 21 日第 2 版。

34.《怎样实现高质量发展(展望 2018)——专家解读中央经济工作会议》,《人民日报》2017 年 12 月 21 日第 10 版。

35.《如何保障基本民生(展望 2018)——专家解读中央经济工作会议》,《人民日报》2017 年 12 月 21 日第 11 版。

36. 本报评论员:《坚持习近平新时代中国特色社会主义经济思想——一论贯彻落实中央经济工作会议精神》,《人民日报》2017 年 12 月 22 日第 1 版。

37. 李拯:《"高质量",中国经济新航向》(评论员观察),《人民日报》2017 年 12 月 22 日第 5 版。

38. 本报评论员:《大力推动我国经济实现高质量发展——二论贯彻落实中央经济工作会议精神》,《人民日报》2017 年 12 月 23 日第 1 版。

39. 本报评论员:《坚持稳中求进　加强政策协同——三论贯彻落实中央经济工作会议精神》,《人民日报》2017 年 12 月 24 日第 1 版。

40. 本报评论员:《全力完成改革发展重点任务——四论贯彻落实中央经济工作会议精神》,《人民日报》2017 年 12 月 25 日第 1 版。

41. 习近平:《论坚持全面深化改革》,中央文献出版社 2018 年版。

42. 本报评论员:《无畏风雨　破浪前行——一论贯彻落实中央经济工作会议精神》,《光明日报》2018 年 12 月 23 日第 1 版。

43. 本报评论员:《为全面建成小康社会收官打下决定性基础——一论贯彻落实中央经济工作会议精神》,《人民日报》2018 年 12 月 23 日第 1 版。

44. 本报评论员:《着眼大势认识当前经济形势——一论贯彻落实中央经济工作会议精神》,《经济日报》2018 年 12 月 23 日第 1 版。

45. 本报评论员:《深刻把握重要战略机遇新内涵——二论贯彻落实中央经济工作会议精神》,《经济日报》2018 年 12 月 24 日第 1 版。

46. 本报评论员:《精准把握宏观调控取向和力度——三论贯彻落

实中央经济工作会议精神》,《经济日报》2018 年 12 月 25 日第 1 版。

47.本报评论员:《把"八字方针"落实到位——四论贯彻落实中央经济工作会议精神》,《经济日报》2018 年 12 月 26 日第 1 版。

48.本报评论员:《坚持以供给侧结构性改革为主线不动摇——四论贯彻落实中央经济工作会议精神》,《人民日报》2018 年 12 月 26 日第 1 版。

49.本报评论员:《针对突出问题　打好重点战役——五论贯彻落实中央经济工作会议精神》,《经济日报》2018 年 12 月 27 日第 1 版。

50.本报评论员:《坚持推动我国经济实现高质量发展——五论贯彻落实中央经济工作会议精神》,《人民日报》2018 年 12 月 27 日第 1 版。

51.本报评论员:《提高党领导经济工作能力和水平——六论贯彻落实中央经济工作会议精神》,《人民日报》2018 年 12 月 28 日第 1 版。

52.本报评论员:《回应社会关切　稳定市场预期——六论贯彻落实中央经济工作会议精神》,《经济日报》2018 年 12 月 29 日第 1 版。

后　记

　　中国特色社会主义进入了新时代，我国经济发展也进入了新时代。新时代，必须坚持以习近平新时代中国特色社会主义思想为指导，坚持以经济建设为中心，实现高质量发展。

　　为了帮助广大党员干部和基层工作者进一步学习贯彻习近平新时代中国特色社会主义思想、党的十九大和十九届二中、三中全会精神，特别是认真学习贯彻落实2018年12月召开的中央经济工作会议精神，我们组织编写了这本《新时代经济关键词（2019）》，对新时代做好经济工作的关键词进行介绍和阐释。本书精选的100多个最具代表性的经济核心词，对做好新时代经济工作具有重要指导作用。我们大体按照总论、经济制度、经济体制和运行机制、经济发展、宏观调控、对外开放等方面进行编排。

　　中共中央党校、国务院发展研究中心、中国社会科学院、中央财经大学等单位专家学者参与了书稿编写。编写中引用了部分专家学者的观点，因本书不是学术著作，故没有在正文中一一标明出处，仅在全书最后列出主要参考文献。由于时间有限，问题甚至失误在所难免，敬请广大读者批评指正。

编　者

2019年1月